20 Claves
para mejorar
la fábrica

20 Claves para mejorar la fábrica

IWAO KOBAYASHI
Director del Instituto de Desarrollo PPORF

Productivity Press

Originalmente publicado en 1988 como *Shokuba Kaizen 20 Komuku*

Edición en lengua inglesa: *20 Keys to Workplace Improvement*
© 1990, Productivity Press, Inc., Cambridge, MA 02140

Edición en español: *20 Claves para mejorar la fábrica*
© 1993, TGP-HOSHIN, S.L.
Calle Raimundo Fernández Villaverde, 1. Teléfono y Fax: (91) 553 19 37
28003 MADRID (ESPAÑA)

Fotocomposición: Angela Zambrano
Imprime: Meeting Point Gráficas, S.L.
I.S.B.N.: 84-87022-89-8
Depósito Legal: M-2887-1993

Contenido

V

Prólogo del editor en lengua inglesa

Estamos en los noventa. Hasta ahora, muchos de nosotros hemos estado siguiendo los avances de la industria japonesa aproximadamente en los últimos diez años. Muchos hemos estado involucrados en uno u otro programa para emular algún aspecto de estas mejoras en nuestras propias compañías —a menudo hemos ensayado programas de calidad o planes para la implicación de los empleados. Pero las compañías líderes japonesas han estado detrás de esos mismos objetivos algo más que justamente con algunos programas a corto plazo aquí y allí. Son rentables porque sus direcciones están comprometidas en un enfoque global a largo plazo, un sistema que abarca la calidad, la implicación, la productividad, y muchos otros elementos básicos para asegurar la adaptabilidad de la compañía en el futuro.

El atractivo de *20 claves para mejorar la fábrica* es que presenta un sistema que define el significado de la excelencia en veinte áreas que tienen un impacto importante en la calidad, la entrega, y el coste, y demuestra cómo las mejoras en todas esas áreas trabajan conjuntamente para mejorar la competitividad global de la compañía. Adicionalmente, señala cómo evaluar el nivel de progreso de su propia compañía en cada área y cómo planificar una estrategia para mejorar todas las áreas en un orden que se ajusta a sus necesidades particulares.

El libro comienza con tres temas fundamentales, Limpieza y Organización, Racionalización del Sistema, y Actividades de Pequeños Grupos, que empujan conjuntamente a cada nivel de la organización para prepararse ante los cambios futuros. La Limpieza y Organización es fundamental. Desembarazarse del desorden le ayudará a identificar problemas, y organizar las cosas en lugares apropiados elimina el desperdicio. El poder de estas actividades radica en la *implicación de las personas* —crean una unificación de propósito en un nivel muy básico produciendo un entorno en el que cada uno se siente responsable por su mantenimiento.

La Racionalización del Sistema significa alinear los objetivos a través de la implicación de todos los niveles de mando para una estrategia de mejora eficiente y sistemática. Las Actividades de Pequeños Grupos continúan con el mismo objeto con el personal de línea, ofreciendo oprotunidades para que los grupos autónomosa de empleados resuelvan problemas específicos de sus lugares de trabajo.

A partir de estas líneas básicas, el libro avanza para ayudarle a calibrar y mejorar su nivel para examinar y centrar áreas de mejora tales como reducción del trabajo en curso, métodos de cambio rápido de útiles, análisis de valores, mantenimiento del equipo, desarrollo y asistencia a proveedores, eliminación del desperdicio, versatilidad de habilidades y educación para trabajadores polivalentes, producción asistida por ordenador, y conservación de la energía. La «clave» final es una perspectiva de la capacidad tecnológica de su propia compañía, comparada con la de compañías competidoras, y con el límite tecnológico de su industria.

El autor de las *20 claves,* Iwao Kobayashi, es un consultor bien conocido en Japón, con tres décadas de experiencia en fabricación incluyendo su trabajo en Mitsubishi Heavy Industries y una extensa práctica de consultoría. Ha reunido lo mejor de su experiencia en un completo enfoque que denomina Programa Práctico para la Revolución en la Fábrica, también conocido como PPORF o Sistema de las 20 Claves. Con este libro, el *expertise* del sistema total de Kobayashi está disponible en un formato fácilmente utilizable para beneficio de otras empresas en otros países.

Las *20 claves* es un instrumento valioso para crear el fundamento de una oportunidad competitiva, y para asegurar que las mejoras en las áreas principales contempladas no fallen por falta del apoyo necesario en áreas relacionadas. Es importante trabajar en áreas específicas, tales como el Mantenimiento Productivo Total, pero el éxito a largo plazo requiere un enfoque equilibrado, perseguido persistentemente durante tiempo, en todas las demás áreas. Piense de esto como una inversión en el pensamiento/conocimientos de su personal para asegurar el futuro competitivo de su compañía.

Este libro no es un «*kit* japonés para la mejora instantánea de fábricas» que contiene cada detalle que necesita para mejorar cada área. Necesitará profundizar —trabajar intensamente— para hacer real cada paso de mejora en cada área. En algunos casos, puede muy bien necesitar asistencia o formación sobre cómo hacer cosas tales como cambiar las preparaciones de máquinas para hacerlas más rápidas, adaptar ordenadores y sensores para fabricar productos con cero defectos, o trabajar en equipos que coordinen las actividades de mantenimiento o hagan mejoras fundamentales en líneas y productos. Su propia evaluación indicará las áreas donde se necesita ayuda para lograr los más elevados niveles.

Los objetivos de Kobayashi en áreas tales como la educación en tareas múltiples y la computerización, tocan aspectos humanos que pueden ser puntos sensitivos en algunas compañías americanas. Obviamente, no es eficaz pedir a las personas que hagan mejoras que sienten —correctamente o no— que pueden dejarles fuera del empleo. Nunca podrá enfatizarse demasiado sobre la importancia de unas relaciones basadas en la confianza entre dirección y trabajadores, y de algunas medidas de seguridad en el trabajo, cuando intente efectuar cambios en tales áreas.

Este libro es valioso para su compañía, no justamente por los útiles indicadores de nivel que explica, sino por la amplia y honesta perspectiva que le exige para aplicarlo a sus operaciones. Espero que lo utilizará bien para ser uno de los contendientes líderes en el año 2000.

Deseo expresar mi aprecio a las personas responsables de crear esta edición en inglés: Warren Smith, por la traducción y culturización; Karen Jones, por la dirección editorial; Sally Schwager, por la versión editorial; Elizabeth Sutherland, por la edición del manuscrito; Kathlin Sweeney, David Lennon, y Beverly Ream, por la gestión de producción; y el staff de Rudra Press, por la composición.

NORMAN BODEK
Presidente Productivity, Inc.

20 Claves
para mejorar
la fábrica

Introducción

Construcción de los fundamentos para una revolución de la fábrica

PARA EMPEZAR UNA REVOLUCION

Durante este tiempo de trastorno en el mundo de la fabricación, la estabilidad y la mera existencia de muchas empresas depende de las mejoras en la productividad y en la calidad de la fabricación y administración. Incluso en tiempos más tranquilos, la ventaja competitiva de cualquier empresa de fabricación se basa mayormente en su habilidad para adaptarse a los cambios en el entorno externo o interno a través de planes de acción correctiva.

Muchas compañías que intentan mejorar su perfil competitivo ajustando situaciones conforme las identifican, descubren al final que las mejoras son azarosas y están faltas de unidad. Algunas compañías que han tenido éxito haciendo mejoras en el pasado, buscan ahora a ciegas una dirección segura. Su progreso se ha frenado.

El término «revolución de la fábrica» en el titular de esta introducción es una frase que asocia imágenes de algo drástico. Desafortunadamente, no es suficiente con solamente «revolucionar». A menos que los que instigan la revolución tengan una clara idea de lo que viene después de derribar el orden antiguo, la revolución degenerará en caos y destrucción. Los cambios introducidos por una revolución se pretende que sean permanentes, pero sin un programa para revisar y evaluar las actividades revolucionarias, el movimiento colapsará por falta de una planificación sostenida. Cuando se planifica una revolución, uno debe tener una clara comprensión de la situación presente, de la situación pretendida, y de cómo moverse de una a otra condición.

Para cubrir esta necesidad de directrices en la realización de mejoras revolucionarias, he condensado mucho de mis 30 años de experiencia en la fabricación japonesa en el «Programa práctico de revoluciones de fábricas» (titulado abreviadamente PPORF). Como una revolución no se logra en un solo paso, este método emplea 20 claves, o

1

áreas de mejora, cada una de las cuales incluye pasos para llevar un área hacia la perfección.

En empresas que ya han visto ejecutar muchas mejoras, la dirección y accionistas esperan que este movimiento continúe. El comienzo de un nuevo año fiscal o trimestre siempre trae nuevas y más exigentes expectativas de mejoras adicionales: «Elevar la productividad otro 20 por 100 este año», «rebajar la tasa de desechos otro 20 por 100». Se plantea a la dirección y los trabajadores el desafío de cumplir estas demandas siempre más elevadas.

A menudo se dice, «Si la primera vez no tiene éxito, ¡inténtelo de nuevo!». Pero el persistente deseo y esfuerzo no son suficientes para lograr sus metas. Los intentos repetidos sin cambios de estrategia usualmente resultan en fallos repetidos. El programa PPORF ofrece las estrategias necesarias para alcanzar metas importantes y ambiciosas, no para dar un gran salto a niveles de productividad más elevados, sino construyendo una escalera, para dar un paso cada vez. Estos escalones tienen cinso pasos: el sistema de cinco puntos de las 20 claves para la revolución de la fábrica.

COMPARE SU FABRICA CON OTRAS FABRICAS

El crecimiento económico cero significa que el crecimiento de algunas compañías tendrá que balancearse con reducciones en otras, mientras pequeñas diferencias en la forma de trabajo interna de las compañías se acumulan a largo plazo hasta aparecer súbitamente como grandes diferencias en los resultados financieros. Actualmente estamos en un período de bajo crecimiento económico. Durante este período debemos concentrarnos en hacernos más competitivos, elevando nuestra productividad y capacidad, y reforzando nuestra calidad de fabricación y administración. Cuando la economía cambie, las compañías que han estado mejorando sus métodos encontrarán que sus ventajas se han transformado en una gran diferencia a largo plazo en sus resultados financieros.

El primer paso en la obtención de esta ventaja comparativa es examinarse uno mismo profundamente en contraste con los competidores. El espíritu revolucionario nace a través de la comprensión del progreso de su compañía y de evaluar su mejora comparada con la de compañías similares o fábricas de todo el mundo. Una comparación tal clarificará las estrategias a corto, medio y largo plazo, hará fácilmente discernibles las metas y objetivos, y provocará el deseo de mejor calidad y cuidado.

Las fábricas que han estado produciendo durante muchos años el mismo producto, a menudo dejan de examinar su calidad productiva y administrativa con una verdadera perspectiva de mejora. Cuando la calidad y los procesos se verifican solamente desde la perspectiva de la adherencia a los estándares, la tendencia a decir «suficientemente bueno» preserva el *status quo* y permite que los procesos y la fábrica se estanquen. Si, por otro lado, la fábrica se compara con sus competidores —incluso en términos de participación en el mercado— pueden tener lugar grandes cambios en la actitud. Cuando todos los empleados son conscientes de la posición de la compañía en relación con otras empresas y desarrolla una verdadera conciencia de competencia en cada nivel, harán todo lo que puedan para no perder competitividad. La dirección y los trabajadores cooperarán para elevar su calidad y productividad.

Las compañías que están a la cabeza a menudo están plagadas por la complacencia. Su actitud es: ¿por qué intentar esforzarse si ya son el número uno? A menudo, los empleados no son conscientes de los esfuerzos continuos necesarios para mantener su posición.

La posición y la participación en el mercado no son los únicos factores que deben compararse con los competidores —los niveles de calidad, productividad, costes, y otros aspectos importantes para el mercado determinarán las posiciones relativas de las empresas en el futuro. Debe analizar cuidosamente también todo esto y tomar acción para mejorar en todas las áreas.

CRITERIOS PARA EVALUAR LA CALIDAD DE PRODUCCION

Trabajamos en un tiempo de bajo crecimiento económico y trastornos industriales. La habilidad de una empresa para permanecer rentable se corresponde con su habilidad para adaptar los procesos de producción a las demandas corrientes. Por tanto, es necesario tener algún criterio con el que evaluar esta habilidad para adaptarse. Además, el procedimiento de evaluación debe ser lo suficientemente explícito como para que resulten discernibles los temas de actividad de mejora. El procedimiento de evaluación no tiene valor si después de completarlo los directores no saben lo que necesita mejorarse o cómo tratarlo.

La adaptabilidad al cambio requiere más que meramente invertir capital en las operaciones. El factor fundamental es la habilidad de los directores y del staff para mantener el equilibrio frente a un entorno desasosegado y cambiante. Al evaluar la adaptabilidad, hay que estimar inevitablemente la eficiencia con la que podrán cooperar los niveles de la dirección y del staff de la fábrica.

EMPLEO DEL SISTEMA DE EVALUACION DE LAS 20 CLAVES

Cuando analizo lo que necesita una compañía industrial para permanecer flexible y adaptativa, desarrollo una lista de las 20 características que generalmente he encontrado en las compañías con las que he trabajado que parecen ser capaces de sortear las tachuelas sembradas por los cambios en el entorno de los negocios (véase diagrama de la página 61). Habiendo observado empresas que se sitúan desde la ineptitud hasta la primera clase internacional, asigno una escala de cinco puntos en cada categoría, utilizando el nivel uno (1 punto) para lo más primitivo y el nivel cinco (5 puntos) para lo más eficiente. Construyo entonces un gráfico de puntuación y evalúo a las compañías de acuerdo con esos criterios.

Muchas compañías están haciendo grandes esfuerzos en muchas de las áreas, pero no creo que ninguna compañía tenga una evaluación de 5 puntos en todas las categorías. Sin embargo, he visto niveles perfectos en cada categoría individual, de forma que, teóricamente, es posible un agregado total perfecto. Véase el final del capítulo para un ejemplo de evaluación de una compañía.

Este libro intenta presentar estos criterios tan simplemente como es posible de forma que todos los empleados, desde la alta dirección a los trabajadores de línea puedan comprender y trabajar juntos para abrir las puertas a la excelencia en fabricación. Se ha pretendido que sea un libro de consulta —para ser utilizado y no simplemente leído. Conforme lo estudie, evalúe su compañía en términos de estos 20 temas. Trabajando con las categorías donde descubra debilidades, podrá mejorar la calidad de la fabricación de su empresa en su conjunto.

Relaciones y sinergia entre las 20 claves

La mejora de la calidad de la fabricación significa buscar continuamente modos de fabricar artículos de *mejor calidad, más rápidamente,* y con *menos costes,* así como con mayor seguridad. Las compañías con éxito buscan constantemente métodos y programas para lograr estas metas de fabricación, básicas y universales.

El proceso de obtener estas metas primarias es similar a la escalada de una montaña. El primer paso es evaluar dónde está ahora en relación a dónde desea estar. A continuación, debe planear su método y ruta. El modo más rápido de alcanzar la cumbre puede ser anclar una cuerda y escalar directamente hasta el final. Sin embargo, este método exclusivo no tiene un sistema de apoyo para los que lo siguen —tienen que esforzarse hasta el límite. Sólo construyendo escalones de apoyo puede toda la organización escalar la montaña. Por supuesto, es imposible construir todos los escalones a la vez— esto toma tiempo. Pero solamente construyendo todo el proceso poco a poco (por tanto, consumiendo tiempo) se podrá asegurar que cada uno eventualmente alcanzará la cima.

En el entorno de fabricación, el método de ascender a la cumbre «colgando de una roca» es tentador a corto plazo. Pero con un cambio súbito en las condiciones, la compañía puede caer si no hay un programa de apoyo asegurador. Pero cuando la compañía ha establecido pasos, conocidos por la dirección y el staff, cada uno puede trabajar y ascender conjuntamente hasta lograr el éxito corporativo. Una estructura tal como el programa de las 20 claves sirve como pasos y plataforma para un amplio rango de actividades que añaden flexibilidad y adaptabilidad.

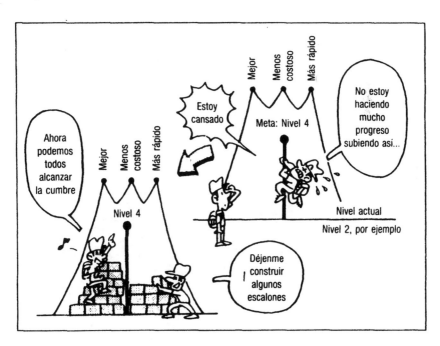

Para introducir las 20 claves del sistema PPORF, hemos incluido un diagrama de las relaciones entre las 20 claves. Cuando estas claves se mejoran simultáneamente, trabajan sinérgicamente para activar el lugar de trabajo y reforzar la calidad de la fabricación.

El diagrama muestra cuatro factores externos, incluyendo las tres primeras claves y la clave final, que apoyan los 16 factores internos. Entre los factores internos, se otorga un énfasis especial a tres claves (véanse las flechas gruesas hacia el centro) como consecuencia de su relación directa con los elementos más fuertes de la calidad de la fabricación:

Diagrama de relaciones de las 20 claves

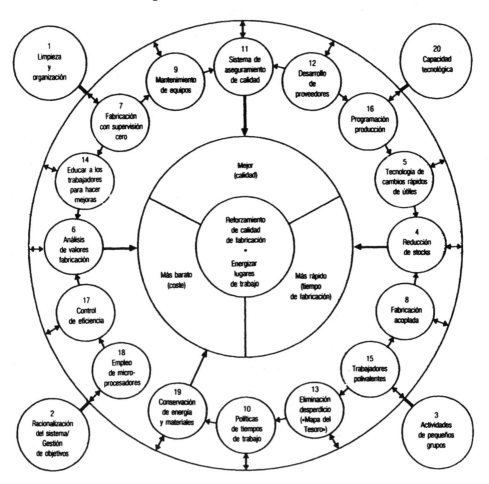

- Fabricar buenos productos (Clave 11-Sistema de aseguramiento de calidad).
- Rapidez (Clave 4-Eliminar los stocks).
- Mayor baratura (Clave 6-Análisis de valores de las operaciones de fabricación).

Las interrelaciones entre las otras claves se muestran con flechas más finas. En cualquier empresa, las mejoras requieren trabajar en diversos factores en varias combinaciones. Aunque hay un aparentemente interminable número de métodos para priorizar sus esfuerzos, nuestra experiencia es que el sistema de 20 claves cubre todos los factores y sistemas.

En la fase de pre-planificación del sistema PPORF, los directores y mandos intermedios examinan toda la fábrica y la evalúan con la escala de cinco puntos en cada una de las 20 claves, teniendo la precaución de considerar la totalidad de las operaciones mejor que las que se refieren a estaciones de trabajo particulares. Por supuesto, las diferencias de opinión de los diferentes directores y mandos se reflejarán en una amplia dispersión de las evaluaciones. Sin embargo, si tiene un número de personas suficientemente amplio haciendo el análisis, puede promediar las evaluaciones para obtener una representación razonablemente fiable de la situación actual de la fábrica. Esta actividad revela la filosofía y orientación de la «revolución» y conecta a las personas con las metas económicas de la dirección.

A continuación, incluir en la evaluación a los trabajadores de línea. Los trabajadores se dividen en grupos o secciones, y realizan las evaluaciones por sí mismos. Al valorar sus secciones respectivas, los trabajadores descubren los puntos fuertes y debilidades de sus métodos, equipos, y organización actuales. A partir de esta evaluación, el deseo de mejorar áreas clave parece crecer por sí mismo.

Con el empleo de estas 20 áreas clave en la evaluación de los lugares de trabajo, las mutuas relaciones se aclaran y se puede determinar fácilmente el punto de partida más apropiado para la mejora. Aunque lo mejor para una compañía es atacar los pasos en el orden de urgencia, o por los elementos más apropiados en función del tipo, tamaño, o entorno, muchas compañías simplemente empiezan con la clave 1 y continúan con el resto. En nuestra experiencia, la mayoría de las compañías han trabajado con siete temas durante el curso de un año, habiendo necesitado tres años para tratar las 20 claves. En todo caso, necesita asegurar que los efectos de sus esfuerzos son acumulativos, de forma que no se produzcan regresiones en áreas previamente mejoradas cuando se enfocan nuevos temas.

Aunque no tienen gran significación los números asignados a las claves, las claves con números más bajos tiender a ser las que los empleados pueden realizar autónomamente a través de las actividades de pequeños grupos. Las claves con los números más elevados tienden a requerir el apoyo directo de la dirección para una mejora eficaz.

Cuando las evaluaciones de las 20 claves se dibujan sobre un gráfico «radar» (un gráfico circular con un radio para cada puntuación de las 20 áreas clave), tienden a aparecer pautas típicas de fortaleza y debilidad en diferentes tipos de industrias. En las industrias de bienes de equipo, a menudo hemos visto un formato de elipse con el alargamiento en vertical sobre los ejes de las claves 10 y 20. En industrias de proceso o ensamble, la elipse tiende a ser horizontal

Gráfico radar

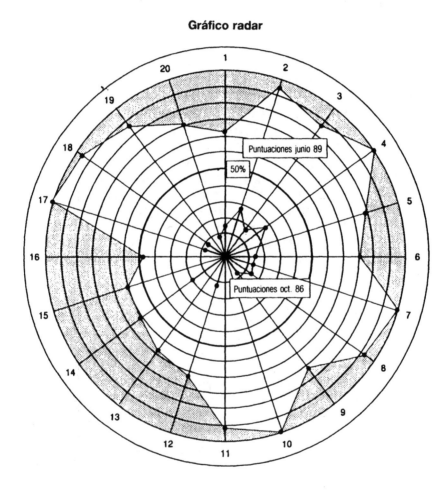

con el eje largo sobre las claves 6 y 16. Cualquiera que sea el perfil, este tipo de gráfico es útil para identificar las claves que necesitan mejorar más y dibujar el progreso en las 20 claves.

METAS ESTRATEGICAS Y ECONOMICAS

Muchos directores tienen la impresión de que como sus fábricas ya tienen metas económicas que orientan adecuadamente el progreso, la introducción de cualquier otro programa o conjunto de metas puede causar confusión. Estos directores pueden sentir que sus metas son incompatibles con las del sistema de las 20 claves o que es imposible hacer mejoras en todas las 20 áreas.

Estas actitudes son justamente un producto de una perspectiva diferente sobre la gestión industrial. Aunque las mejoras en las 20 áreas pueden no estar explícitas en la lista de objetivos anuales existente, las 20 claves no son más que herramientas estratégicas de rango medio (tres años) que ayudarán a cumplir los objetivos a corto plazo. Las mejoras en las 20 áreas elevarán la calidad de la fabricación, lo que simplificará los esfuerzos necesarios para lograr la clase de objetivos económicos o tácticos del año o del trimestre. No hay contradicción de propósito entre las metas de las 20 claves y las de los existentes resultados económicos.

MEJORA DE LA PRODUCTIVIDAD CON LA MEJORA DE LAS 20 AREAS CLAVE

En Japón, la productividad se expresa usualmente en términos de unidades producidas por hora de personal directo o número de empleados necesarios para operar una pieza de equipo. Empleando esta definición con, por ejemplo, la clave 6 (análisis de valores de las operaciones de fabricación), la mejora de la puntuación de un departamento particular desde un nivel dos a un nivel cuatro significaría cortar a la mitad el número de pasos del proceso, doblando aproximadamente la productividad. Sin embargo, elevar la clave 6 desde el nivel dos al nivel cuatro requiere también mejorar en muchas de las otras áreas clave —ninguna clave se sostiene con independencia de las otras claves. El clima actual industrial demanda también reducir los costes, mejorar la calidad del producto, nivelar la producción, acortar los tiempos de ciclo, etc., de forma que la clave 6 no puede atacarse por sí sola. Para elevar la puntuación global de una fábrica desde 50 a 70, o desde 60 a 80, se requiere necesariamente mejoras en las 20 claves.

Hablando generalmente, los programas de mejora de las compañías tienden a perder *momentum* al final de un período, cuando se están formulando las metas del período siguiente. Afortunadamente, el programa PPORF asegura la continuidad a medio plazo en la estructura de los objetivos de la compañía. El programa de mejora está bien definido y en flujo activo. Durante tres años se hacen mejoras consistentes en las 20 áreas a pesar de los cambios periódicos en aspectos particulares de los objetivos económicos; el *momentum* en el programa de mejora y el crecimiento económico puede sostenerse incluso a través del final de un período. A pesar de las modificaciones periódicas en los objetivos anuales, las metas estratégicas servidas por los 20 claves permanecen en primera línea.

UTILIZACION DE LAS 20 CLAVES EN ACTIVIDADES DE PEQUEÑOS GRUPOS

Si las actividades de los pequeños grupos tales como los círculos de calidad no reciben ayuda y directrices desde el exterior del grupo, especialmente desde la organización superior a ellos, el riesgo es que pierdan vitalidad. Sin apoyo, pueden caer en un estado de movimiento rutinario sin espíritu ni entusiasmo.

El empleo de un programa PPORF en un sistema que abarque a toda la fábrica o compañía ofrecerá continuamente desafíos claros, expresados numéricamente a los grupos SGA (pequeños grupos). Conforme trabajen para perfeccionar las 20 claves, los grupos SGA tendrán siempre una buena perspectiva de donde está la fábrica y dónde necesita estar. La misión de los grupos SGA quedará firmemente establecida, sin riesgos de caída de la moral. La utilización del entramado de las 20 claves para establecer las metas y objetivos de los grtupos SGA armonizará sus esfuerzos con las metas y objetivos de la dirección, sin necesidad de que la dirección juegue un papel superlativamente intrusivo. Como consecuencia de esta claridad y unidad de propósito en las directrices, los grupos SGA estarán muy activos y aportarán numerosas propuestas de mejora.

El programa de mejora PPORF es muy simple de entender. Un programa apropiadamente administrado, en nuestra experiencia, puede originar un cambio de cultura en toda la fábrica que hará incluso las tareas pesadas y poco atractivas más agradables. Para muchos grupos SGA, intentar mejorar las puntuaciones de las 20 claves llegará a resultar un juego, una saludable y grata competencia entre grupos. En este entorno revitalizado, todos los empleados, desde la cabeza hasta los trabajadores de línea, encontrarán la motivación que necesitan para crear juntos una organización de primera clase.

Clave 1
Limpieza y organización

Podría comenzarse un programa de mejora con lo que hemos etiquetado como clave 2: Racionalización del sistema/Dirección de objetivos. Sin embargo, incluso antes de fijar los objetivos debe limpiar la casa y organizarla para hacer un inventario de la situación actual. Para planificar la dirección que debe tomar, debe retirar cualquier obstáculo que impida una clara perspectiva del estado actual. Por tanto, las actividades de limpieza, ordenación y organización son, naturalmente, la primera prioridad y merecen ser designadas con la clave 1.

Aunque las actividades de limpieza y organización son ampliamente estimadas como las actividades más básicas para la promoción de la calidad y productividad, es sorprendente cuantas fábricas luchan aún en medio del desorden, desperdicios, y confusión. Aunque la mayoría de las fábricas hacen algo en materia de organización y arreglo del desorden, su aparente falta de éxito indica una inesperada falta de profundidad en estas actividades. En muchas fábricas el lugar de trabajo puede retornar a su estado previo de desorden una semana después de la terminación de una gran campaña de limpieza y organización. Tiene poco significado una limpieza de una vez o incluso una campaña periódica de «limpieza de verano». La limpieza debe ser un hábito —la limpieza y organización deben ser continuas. Adapte la hoja de chequeo 5S (al final de esta clave) a la situación de su lugar de trabajo y empléela para verificar periódicamente su condición.

Si los empleados de una fábrica entienden la verdadera importancia de la limpieza como base para cualquier otro esfuerzo de mejora y desarrollan el hábito de limpiar, llegará a ser aparente la reacción sinérgica de la limpieza y organización. Esto estimulará los resultados del resto del programa PPORF y simplificará las operaciones de cada día. Internalizar las actitudes de limpieza evitará que el lugar de trabajo regrese a la desorganización y permitirá a los trabajadores elevar la puntuación del centro de trabajo en esta clave.

NIVEL UNO

- Colillas de cigarrillos, desechos de papel, y herramientas esparcidas alrededor.

Aunque parezca increible, muchas compañías aún hoy tienen las áreas de trabajo repletas de colillas, desechos de papel, grasa, y otras basuras. Incluso en fábricas donde los directores dicen que no hay problemas con las colillas de cigarrillos (quizá por la regla de prohibición de fumar), otras formas de basura cubren el suelo y ensucian las áreas de trabajo. Estos desechos se presentan con muchas variedades, cada una de ellas tan ofensiva como las colillas: herramientas no utilizadas durante largo tiempo, documentos obsoletos, equipo en desuso, y elementos similares.

Inspeccione su propio lugar de trabajo desde el punto de vista de este nivel de desorden. Incluso aunque se estén utilizando realmente, las herramientas o accesorios que estén depositados en el suelo o en cualquier parte que no sea un lugar previamente fijo y ordenado, reducen la puntuación en Limpieza y Organización al nivel uno. Desafortunadamente, vemos muchas fábricas de nivel uno donde los trabajadores dejan las herramientas en el suelo o en cualquier parte cuando las utilizan.

Acción correctiva para pasar al nivel dos

- Observe todas las superficies horizontales.
- Examine el lugar de trabajo y elimine todos los desperdicios y herramientas no esenciales y almacene éstas.

Examine el espacio de trabajo de esquina a esquina. ¿Hay elementos innecesarios o no utilizados sobre el suelo, estantes o encima de los equipos? ¿Qué elementos van a emplearse hoy? ¿Esta semana?

Aunque pueda causar temor, si algo no tiene un plan de uso definido, deséchelo o véndalo a un competidor para que éste ensucie su propio lugar de trabajo. Si están sobre el suelo cualesquiera herramienta o piezas, determine un lugar definido para ellas y colóquelas allí.

Puntos importantes e intuiciones útiles

- No ponga nada directamente sobre el suelo.
- Hasta el límite de lo posible, deseche las cosas que no vayan a tener un uso previsible.

NIVEL DOS

- No están claras las rutas de paso.
- Desorden al lado de las paredes.

El lugar de trabajo está en el nivel dos si no hay elementos que no están en uso en medio del suelo, pero:

- Elementos no utilizados se apilan contra las paredes o pilares, las cosas se dejan sobre el suelo cerca de las paredes, o pilares o pilas de basura se dejan en la base de paredes o pilares, o
- Herramientas o equipos que no se emplean se dejan contra o detrás del equipo, o
- No son claras las rutas de paso, o las cosas se colocan en las rutas de paso para «almacenamiento temporal» durante más de un mes cada vez.

Acción correctiva para pasar al nivel tres

- Observar las superficies verticales.
- Examinar paredes y pilares.

- Eliminar todos los desperdicios y herramientas no esenciales y guardar éstas.

Pinte las áreas de paredes y pilares que puedan alcanzarse con la mano. No contrate a nadie para hacerlo, pida a los trabajadores del área que lo hagan ellos mismos. Este proceso puede parecer tonto o demasiado simple, pero nuestra experiencia muestra que hacer parar las operaciones normales de los trabajadores por un día (o hacerles venir un fin de semana) instila una actitud de limpieza en personas que quizá anteriormente no habían reparado en ello.

Antes de pintar, los trabajadores deben hacer las operaciones necesarias de limpieza, reconstitución del orden y lavado en las áreas de paredes y pilares. A veces es muy efectivo dividir en equipos a los empleados de la fábrica y promover alguna competición amistosa. Los trabajadores querrán colocar de nuevo cosas contra las paredes tan pronto como hayan pintado. Afortunadamente, esto es imposible porque llevará un tiempo el secado de la pintura. Haga que encuentren nuevos lugares —lugares permanentes— para colocar las cosas. Construya estantes si es necesario.

Puntos importantes e intuiciones útiles

- Divida las responsabilidades por áreas de paredes y corredores.
- Haga saber a los trabajadores que son responsables de la limpieza de sus áreas.

NIVEL TRES

- Las rutas de paso están claras y la fábrica está limpia, pero las herramientas están desorganizadas en las áreas de almacenaje.

La fábrica de nivel tres ha completado la acción correctiva mencionada anteriormente. Los corredores y rutas de paso se distinguen bien y están claros, el suelo está limpio, y las paredes libres de desperdicios y elementos. Tenemos que volver nuestra atención al mobiliario.

- ¿Están mezcladas juntas herramientas, mordazas, piezas, etc.?
- ¿Hay guantes, zapatos, y otros artículos desechados mezclados con herramientas en las cajas de éstas últimas?
- ¿Están almacenadas las herramientas en unidades de almacenaje cerradas?

A menudo, cuando se abre una unidad de almacenaje tal como un armario, un cajón, o un estante cerrado, se encuentran dentro muchos elementos en desuso y básicamente sin valor. A menudo, las herramientas están bajo llave en lugares poco accesibles, de forma que se desperdicia tiempo buscando y manipulando llaves —justamente porque los empleados no tienen responsabilidad en ello. Si existe en su fábrica cualquiera de estas situaciones, no ha alcanzado el nivel cuatro. Es necesario trabajar todos juntos para crear una fábrica en la que las herramientas se pueden encontrar de una ojeada y sean fáciles de recuperar.

Acción correctiva para pasar al nivel cuatro

- Mire en el interior de los estantes y seleccione los materiales, piezas y herramientas.
- Desembarácese de los armarios cerrados.

Prepare áreas de almacenaje separadas para herramientas, accesorios, calibres, mordazas, documentos, etc. Haga áreas distintivamente claras de forma que las cosas puedan encontrarse de una ojeada. Si los estantes son cerrados quite las puertas, y quizá también el respaldo. El tiempo gastado abriendo puertas para ver lo que hay dentro es tiempo desperdiciado.

Los armarios dañan la moral —los sentimientos de desconfianza que simbolizan los armarios cerrados son lo opuesto al sentimiento de responsabilidad que se deriva de las actividades de limpieza y organización.

Puntos importantes e intuiciones útiles

- Prepare las cosas de forma que puedan entenderse o encontrarse de una ojeada.
- Defina alguna clase de criterio de evaluación para el orden. Si alguien está haciendo un trabajo excepcional, recompense sus esfuerzos.
- Coloque las herramientas de uso frecuente donde puedan alcanzarse sin desplazamiento. Ponga las herramientas de poco uso en un cuarto de herramientas donde no estorben en el lugar de trabajo.
- Devuelva una herramienta utilizada al lugar designado.

NIVEL CUATRO

- La maquinaria y el equipo están limpios.
- Las áreas de almacenaje se distinguen claramente.
- El área de almacenaje muestra muchas líneas paralelas y ángulos rectos.

En la fábrica de nivel cuatro, se han limpiado las máquinas y equipos y los trabajadores han desarrollado hábitos de limpieza.

Los elementos colocados en estantes o en muebles están claramente etiquetados y colocados de forma que los perfiles de las herramientas y otros elementos necesarios aparecen alineados como en una cuadrícula. (Aunque pueda parecer algo extremo, el sentimiento de limpieza y organización que se genera por esta atención al detalle contribuye a mejorar la eficiencia y el espíritu de cuerpo.) Las herramientas y calibres de empleo frecuente tienen designadas plazas de almacenaje que están al alcance de la mano en los lugares de uso. De

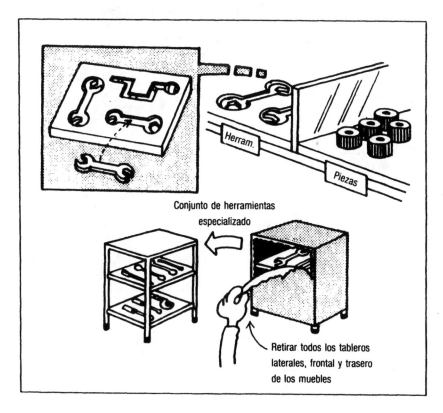

Herram.

Piezas

Conjunto de herramientas
especializado

Retirar todos los tableros
laterales, frontal y trasero
de los muebles

una ojeada se puede ver claramente las herramientas, piezas, equipo, y documentos que están en uso y dónde y cómo se utilizarán.

  La fábrica de nivel cuatro tiene difundida la sensibilidad respecto a la limpieza, lo que hace que las personas deseen devolver las herramientas y accesorios a los lugares apropiados después de su utilización. La codificación mediante colores de las herramientas de uso elevado no sólo hace más fácil saber dónde están o deben estar, sino que otorga un sentimiento de «propiedad» que exige la colocación correcta de los elementos, lo que contribuye al sentido de la eficiencia en el lugar de trabajo.

Acción correctiva para pasar al nivel cinco

- Limpiar, alinear, ordenar, y organizar automáticamente.
- Desarrollar el control visual del stock.

Utilizando como modelo la disposición de un supermercado, puede almacenar los materiales de forma que pueda inventariar de una ojeada. Comience preparando una estación de trabajo modelo con un sistema modelo de estantes. Una vez que se ha perfeccionado el sistema, todos los trabajadores deben considerar la manera de difundir el sistema por toda la fábrica.

La estación de trabajo modelo debe tener sistemas tales como mecanismos para la retirada automática de los desperdicios que se generan regularmente (virutas, desechos, recortes, etc.), quizá haciendo que caigan directamente en contenedores. Puede haber un sistema para almacenar piezas en cajas o estantes de cremallera que contengan cinco piezas o cualquier otro número fijo, de forma que el nivel del stock puede percibirse de una ojeada. Quizá el sistema de almacenaje de piezas pueda modificarse para permitir un sistema de reorden automático cuando el stock caiga por debajo de cierto nivel. Pueden implantarse sistemas como estos para limpiar y organizar la planta.

Departamentos indirectos

«Mejora de la productividad con 5-S»

Lista de chequeo 5-S PPORF

Grupo: Control/Producción/Ingeniería de fabricación/
Dirección/Desarrollo tests/Desarrollo diseños/
Corporación/Seguridad

Fecha inspección: Inspector:

Núm. de círculos	0-3	4-6	7-10	11-14	15-17	18-20
Puntuación	0	1-15	16-30	31-50	51-70	71-85	86-100
Evaluac. PPORF	1,0	1,0	2,0	2,5	3,0	3,5	4,0

Clave evaluac.	O	5 puntos
OK si es	X	0 puntos
Requiere mejora		

Nivel	Categoría	N.°	Criterios de evaluación	Puntos	Notas de mejora	N.°
2	Retirar los elementos innecesarios	1	No se dejan en el área de trabajo elementos innecesarios.			1
	Almacenaje de equipo de limpieza	2	Justo a mano pero fuera de los movimientos de trabajo.			2
	Limpieza de suelos	3	Ni desechos, suciedad, o aceite en el suelo. No peligro de resbalones. No desechos en huecos.			3
	Paneles de información	4	No se muestran notas fuera de fecha, sucias o engrasadas. Están bien alineadas y limpias. No hay bordes rotos o marcas de cinta engomada de notas anteriores.			4
	Salidas de emergencia	5	Nada obstruye el acceso a los extintores y mangueras. Nada obstruye las salidas o corredores de emergencia. Está claramente anunciada la localización y uso de interruptores y cajas de seguridad. En las áreas de riesgo están pintadas marcas de cebra.			5
	Elementos sobre el suelo	6	No se colocan directamente sobre el suelo trabajos en proceso, herramientas, elementos usados previamente, papeles, etc. Los elementos grandes se mueven cuidadosamente, no se dejan al lado del equipo.			6
3	Mantenimiento de rutas de paso	7	Las rutas de paso se encuentran de una ojeada y están alineadas con ángulos rectos. Las líneas amarillas que señalan rutas de paso no están sucias o manchadas de grasa.			7
		8	No hay nada colocado sobre las líneas blancas, y nada sobresale por encima de las mismas. Es satisfactorio el «layout» de las rutas de paso.			8

Nivel	Categoría	N.º	Criterios de evaluación	Puntos	Notas de mejora	N.º
3	Métodos de almacenaje y apilamiento	9	El almacenaje está bien organizado en líneas y ángulos rectos. Los contenidos de pilas están claramente marcados. La recuperación es simple y los elementos pueden transferirse rápidamente al proceso siguiente.			9
	Limpieza de máquinas, estructuras y accesorios	10	Están pintados la fábrica y el equipo. No hay lugares en la fábrica (hasta una altura de 2 metros) que no estén pintados.			10
		11	La maquinaria, plataformas, carros, y equipo no tienen manchas de grasa. Los cristales de las ventanas se lavan regularmente.			11
		12	No se coloca nada contra paredes, pilares, o equipo. No se coloca nada sobre las máquinas o armarios.			12
	Limpieza de área perimetral	13	El departamento es el encargado de controlar y limpiar la región interior del área de la cual son responsables. No debe de haber lugares sucios o desagradables en el exterior de aquellos límites del área que son solamente responsabilidad del departamento.			13
4	Ordenar y organizar los stocks y documentos guardados	14	Los stocks y documentos se almacenan de forma que su empleo es fácil así como su recuperación (líneas paralelas y ángulos rectos).			14
		15	Cada grupo de elementos o documentos almacenados tiene señales explicatorias, período de almacenaje, y nombre de responsable colocado junto a ellos.			15
	Orden de herramientas	16	Las plantillas y herramientas comúnmente empleadas están clasificadas y mostradas racionalmente.			16
	Comodidad en el empleo de herramientas	17	Las herramientas y suministros están ubicadas en sitios oportunos. El instrumental y las mesas de trabajo permiten que el trabajo progrese incluso con un solo operario.			17
		18	Todos los estantes y mesas están divididos y etiquetados de forma que es fácil saber dónde están las cosas y adónde deben volver.			18
	Ordenar y organizar estantes y mesas	19	Todos los estantes y mesas están controlados de acuerdo con esas divisiones y etiquetas.			19
		20	No hay archivos o documentos en desuso sobre las mesas. Los cajones de las mesas están organizados sistemáticamente.			20

Comentarios:

Puntuación total:

Puntos importantes e instrucciones útiles

- El desecho, recortes y virutas deben caer directamente en contenedores de desechos.
- Cree una línea modelo con elementos de colocación de piezas y herramientas tipo supermercado.

NIVEL CINCO

- La limpieza es continua y constante de un extremo al otro.
- El área de trabajo está inmaculada, y las herramientas se dejan perfectamente alineadas.

Este es el nivel en el que se han eliminado los orígenes de toda suciedad de forma que el polvo, las esquirlas y los desechos se han eliminado en su fuente, evitándose así la necesidad de una limpieza más rigurosa. Todo se coloca de forma que herramientas, accesorios y materiales puedan encontrarse de una ojeada. Los niveles de los stocks pueden también determinarse visualmente.

Por supuesto, conforme pasa el tiempo, los desechos parecen acumularse por sí mismos. Pero esta basura se retira rápidamente por los empleados, que han asumido la filosofía de la limpieza y ordenación constantes.

Cuando la actitud de limpieza está plenamente establecida y la limpieza y organización son un hábito, los resultados son más que una mera mejora de apariencia. La producción se ejecutará también con mucha mayor regularidad y mejorará la calidad del producto.

Estado actual		puntos
Meta uno		puntos
Meta dos		puntos

Clave 2

Racionalizar el Sistema/ Dirección de objetivos (Para directores y mandos intermedios)

Para eliminar las prácticas de baja productividad y calidad del pasado y reemplazarlas por las prácticas de gestión/fabricación de alta calidad a través del sistema de las 20 claves, debe obtener el consenso de todos los trbajadores de la fábrica respecto a los planes y objetivos de la dirección. Si la alta dirección emite edictos sin discusiones previas, es probable que sus opiniones no estén acordes con lo que se piensa en el resto de la fábrica —es dudoso el éxito cuando los objetivos son compulsorios. Por otro lado, si los trabajadores establecen sus propias prioridades e ignoran las necesidades de la dirección, sus logros estarán faltos de significado real, al menos en lo que se refiere al contexto de las metas económicas de la fábrica. Las metas significativas se logran cuando todos los empleados de la fábrica trabajan para cumplir sus propias metas mientras ayudan a cumplir las metas de todos los demáas. Esta situación se da solamente cuando las metas de la fuerza laboral están en armonía con los objetivos de la dirección.

Para alcanzar efectivamente metas significativas para la entidad en su conjunto, es importante que la alta dirección y mandos intermedios determinen cooperativamente los objetivos, con un sentido de asociación en ambos lados. Solamente entonces pueden ambas partes trabajar juntas para causar una revolución de arriba-abajo y de abajo-arriba. Este es el significado de la clave 2, Dirección de Objetivos. Sin el ancla firme de las metas consensuadas, el programa de mejora no puede crecer.

Para tener éxito en el programa PPORF, la alta dirección y los mandos intermedios deben reunirse una vez cada año o incluso una vez al trimestre para formalizar los objetivos mutuos y los planes de ejecución. Es también útil para cada individuo examinar el sistema de dirección de la fábrica, para evaluar lo que pertenece a su área particular de responsabilidad y cómo puede modificarse para una mayor eficiencia.

NIVEL UNO

● Estilo cuadrilla —no hay sistema claro de dirección excepto en lo que se refiere al jefe superior.

Si visita un campo de labores agrícolas, puede ver al mayoral o capataz emitiendo órdenes abruptas a los peones, tales como: «¡Eh —la próxima vez emplea la pala!», o «¡Tú! ¡Empuja ese carro!». Naturalmente, los trabajadores desarrollan actitudes como: «¡Me pregunto que nos van a pedir que hagamos a continuación —no me gusta este trabajo!». No puede hacer nada que evite del todo el desarrollo de estas actitudes, pero la dirección debe como mínimo intentar entender cómo se desarrollan y entonces intentar minimizarlas.

Es sorprendente cuantas pequeñas empresas se operan como campos de labores agrícolas. No hay un sistema real de dirección excepto los deseos de los directores que esperan que los empleados brinquen por cada palabra que pronuncian. «Después de todo, esto es por lo que les pagamos...» Muchas empresas grandes y de tamaño medio tienen divisiones o partes que operan de la misma forma sorprendente. Aunque en las grandes organizaciones hay tendencia a intentar reducir las instrucciones verbales, las órdenes verbales tienen la ventaja real de la rapidez. Una orden verbal dada y ejecutada rápidamente es usualmente considerablemente más rápida que las instrucciones impartidas a través de un sistema. Sin embargo, el abuso de la discrecionalidad y la falta de organización en este método de dirección puede causar una variedad de problemas, no siendo el mínimo un serio daño en la moral.

Acción correctiva para pasar al nivel dos

● Prepare un gráfico de la organización y especifique los detalles.

Una fábrica falta de organización puede empezar de la forma siguiente: Primero, relacione todos los miembros de la empresa y sus principales responsabilidades. Preparar entonces un gráfico mostrando las relaciones entre cada una de las funciones. Finalmente, estudiar el gráfico para identificar las redundancias y áreas no cubiertas. Hacer ajustes en las responsabilidades en lo necesario para asegurar que todas las funciones vitales se cubren, y derivar entonces una organización formal. Las empresas que no han tenido en el pasado ninguna organización formal necesitarán probablemente algunos ajustes importantes. Si no se hace un gráfico de la organización formal, será difícil cubrir los huecos en las funciones existentes.

Si la empresa es lo suficientemente grande como para necesitar un sistema de dirección de múltiples niveles, asegurar que cada subordinado contesta a un jefe solamente. Las responsabilidades mezcladas a menudo causan confusión y malos sentimientos.

Para ser eficaz, cada director o mando tiene que tener un número apropiado de subordinados directos —con demasiado pocos el sistema es despilfarrador y tiene demasiada dirección; demasiados y entonces el departamento será inmanejable.

Si varios trabajos tienen similares características, a menudo pueden combinarse efectivamente bajo la responsabilidad de un solo mando o empleado.

Puntos importantes e intuiciones útiles

- Clarificar las responsabilidades de cada empleado y los límites de esas responsabilidades.

NIVEL DOS

- Estilo «la seguridad lo primero» —la organización está clara, y hay algunas directrices desde la cabeza, pero nadie está seguro de las intenciones exactas de la dirección.

El sistema de nivel dos tiene una estructura organizacional conocida, incluyendo un gráfico de organización, y algún conjunto de

procedimientos organizacionales y reglamentos. Desafortunadamente, la estructura está pobremente definida. Hay dirección desde la cabeza, pero es vaga y general, y, por tanto, es difícil actuar con ella. Es como un director general que diga «La seguridad lo primero». Los mandos intermedios se hacen eco de este mensaje y lo transmiten a los empleados, pero ni ellos ni los trabajadores saben realmente lo que quiere decir el director general. Es un misterio lo que se supone que es garantizar la seguridad, o como hay que evaluar el grado actual de seguridad. Un número sorprendentemente grande de compañías emite directivas similares a «fabricar productos de alta calidad rápidamente y baratos» y, con todo, no informan a los trabajadores sobre los programas de entregas esperados, los niveles de rendimiento de la calidad, o las estructuras de costes.

Acción correctiva para pasar al nivel tres

- Cuantificar los objetivos —especificar quién ejecutará el qué y cuándo y (si es posible) cómo.

Es importante descomponer los objetivos en tareas subsidiarias que deben cumplirse por divisiones, grupos o individuos a los que se imparten directivas. Para difundir el tema «seguridad», cuando el director general dice «La seguridad lo primero, los mandos intermedios deben dirigir la organización de programas de educación sobre seguridad y la construcción de mecanismos de interbloqueo en los equipos. Los mandos de la fábrica deben analizar su equipo para determinar los tipos de mecanismos de interbloqueo que garanticen unos altos niveles de seguridad en la maquinaria y, finalmente, los supervisores impartirán cursos de cuidado de la seguridad y mecanismos.

Un ejemplo de buena directiva desde la cabeza para mejorar la planta es «Este año cortar a la mitad el número de pasos de proceso». El plazo es claro (este año), como lo es la acción deseada (reducir el número de pasos de proceso) y el objetivo numérico (la mitad de los existentes ahora). En esta propuesta, los oyentes (en este caso, todos los trabajadores) saben que son los que deben cumplir la tarea.

Puntos importantes e intuiciones útiles

- Descomponer los objetivos hasta el nivel de detalle que sea apropiado para el departamento, sección o individuo.
- Cuantificar los objetivos.

NIVEL TRES

- Estilo «trabajo de reloj» —desde la cabeza descienden instrucciones claras, con una división racional de responsabilidades.

En este nivel de progreso, el sistema de dirección y todos los subsistemas están trabajando como engranajes en un reloj, con cada subsistema (división, departamento, sección, o individuo) cumpliendo con su responsabilidad particular. Los objetivos se descomponen clara y lógicamente en instrucciones que se transmiten por la cadena de mando. Los objetivos están todos cuantificados y las divisiones, depar-

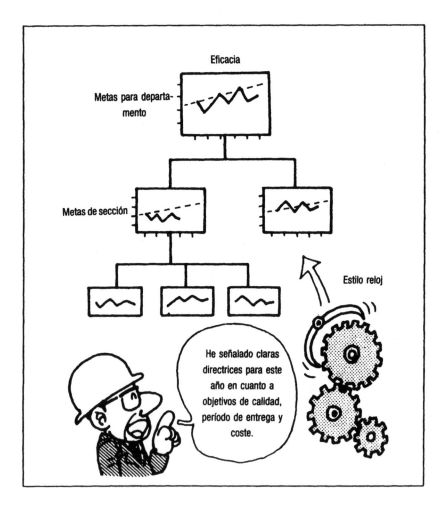

tamentos y secciones tienen sus metas registradas en gráficos e impresos para seguir fácilmente el estado del progreso.

Este nivel de progreso es la fase más básica de una verdadera organización de oficina, y durante los años pasados de alto crecimiento económico, este tipo de sistema encontró amplia aceptación. Sin embargo, tiende a ser altamente dictatorial y falto de una adecuada retroacción desde los niveles inferiores de la organización. En períodos de menor crecimiento económico, muchas organizaciones continúan demandando crecer aceleradamente en áreas donde ya no es posible. Este dilema es resultado de un pobre sistema de comunicaciones inherente al estilo de «trabajo de reloj» de la organización.

Acción correctiva para pasar al nivel cuatro

- Crear metas y comprender la necesidad de tener a todos los «vectores» alineados para progresar en los objetivos.

Cuando seguía en vigor un alto crecimiento económico, muchas compañías actuaban con una organización estilo «trabajo de reloj» para prepararse ante los aumentos de demanda. Durante esos años, esta clase de organización tuvo mucho éxito. Desafortunadamente, en esta era inestable, los engranajes ya no encajan entre sí tan bien como antes. Los cambios en el entorno han destruido la eficacia del viejo sistema. El sistema »trabajo de reloj» debe reemplazarse por un sistema nuevo que se beneficie de los siguientes atributos.

Metas compartidas: Para responder a estos cambios en el entorno económico/industrial, el personal (como mínimo desde los mandos de nivel inferior hacia arriba) debe compartir el mismo sistema de objetivos y sentirse personalmente conectado con esos objetivos. Esto está en contraste con un sistema que impone metas a los empleados desde arriba.

Alineamiento de «vectores» para lograr los objetivos: Es importante comprender que cuando todos los miembros de una organización trabajan duro para lograr un conjunto de metas y, con todo, no alcanzan los resultados deseados, no son necesariamente flojos o incapaces. Más bien, la situación apunta a una posible divergencia de «vectores»; esto es, las personas no se están moviendo juntas en una misma dirección, a pesar de los altos niveles individuales de capacidad y deseo. El simple acuerdo sobre metas compartidas no asegura que cada uno esté de acuerdo en los esfuerzos relativos a hacer en cada una de las metas. Debe haber apoyo para un plan común de los esfuerzos a realizar.

Puntos importantes e ideas útiles

- La cooperación y el trabajo en equipo son esenciales para el éxito.

NIVEL CUATRO

- Trabajo estilo equipo —metas universales con los vectores alineados.

Si la compañía no tiene objetivos compartidos y estrategias alineadas, no tendrá un progreso real. Si no se da un trabajo en equipo
suficiente, los puntos fuertes de cada individuo causan fricciones y
una pérdida de enfoque corporativo más bien que contribuir a una
causa común. En la compañía de nivel cuatro, la alta dirección y los
supervisores de línea tienen perfectamente alineados sus objetivos
—cada uno se orienta en la misma dirección. Los directores utilizan
listas de chequeo de alineación de vectores o algún otro sistema de
coordinación interniveles y mantienen reuniones regulares entre todos los niveles de la dirección para asegurar que cada uno trabaja al
unísono con los demás.

En el nivel cuatro, los empleados deben trabajar como un equipo.
Justamente como el defensa libre de un equipo de futbol que ayuda
a cubrir el posible error de un defensa de ala, los empleados de una
fábrica deben tener la voluntad de traspasar ligeramente sus áreas
designadas para apoyar o cubrir a los miembros colaterales de su
equipo. Sin embargo, hay que ser cuidadosos para no interferir inin-
tencionadamente en el camino de otros.

Acción correctiva para pasar al nivel cinco

- Universalizar los objetivos corporativos.
- Enfatizar la mejora de las capacidades de los individuos.
- Reconciliar el personal y las metas corporativas.

Alcanzar el nivel cinco requiere que las personas de todos los
niveles de la organización se reúnan continuamente para reconciliar
las metas corporativas con las de los individuos. Esto culmina en una
situación en la que las metas son universalmente compartidas virtualmente por todos los empleados.

Para unificar los objetivos de la compañía con los de los empleados,
necesita el desarrollo y evolución de los propios trabajadores. Por
ejemplo, el mercado está cambiando constantemente, lo que requiere
modificaciones puntuales de estrategia que a su vez exigen constantes
ajustes de las actividades de los empleados. Si estimula el desarrollo
constante de los empleados a través de la educación y el entrenamiento, pueden adaptarse a las nuevas situaciones y compartir un interés
común en las cambiantes estrategias de la compañía.

Puntos importantes e ideas útiles

- Ofrecer oportunidades para que los individuos mejoren sus habilidades.
- Crear flexibilidad y adaptabilidad desarrollando estratégicamente las capacidades individuales anticipadamente a los cambios en el mercado.

NIVEL CINCO

- Un sistema «contra todo evento —los objetivos están plenamente universalizados.
- Hay un sistema de objetivos completo y cuantificado.

- Hay un sistema de dirección que incluye sistemas de autodesa-rrollo y desarrollo mutuo.

Una organización de nivel cinco tiene un sistema para reuniones multinivel una o dos veces al año en las que toda la compañía puede acordar metas y alinea sus planes para lograr esas metas. Como el entorno externo está cambiando constantemente los requerimientos para lograr los mutuos objetivos, la compañía tiene un sistema donde todos los empleados se unen para ayudarse a adaptarse a las situacio-nes de cambio.

Estado actual		puntos
Meta uno		puntos
Meta dos		puntos

Clave 3

Actividades de pequeños grupos (Para empleados de línea)

La clave 3 tiene una posición «anclada» en el diagrama de relaciones de las 20 claves. Las actividades de los pequeños grupos (SGAs) juegan un rol vital en la mejora de la calidad de la fabricación.

La unión de la fuerza laboral en SGAs activos da a la compañía una fuerza competitiva totalmente diferente de la fuerza que puede adquirirse a través de la dirección por objetivos. Las actividades de los pequeños grupos son las herramientas para una plena utilización de los recursos de los trabajadores de línea. Utilizando estos recursos, los conocimientos y experiencia de los trabajadores pueden aplicarse a la resolución de problemas y para lograr las metas relacionadas con las áreas de fabricación mismas, mejorando simultáneamente la moral y resolviendo los problemas de relaciones humanas. A través de las actividades de los SGAs los trabajadores pueden autodirigirse para mejorar su productividad y eficiencia.

Desafortunadamente, muchas fábricas utilizan los SGAs como una mera extensión de la cadena de mando, contemplándolos como otro medio, mediante el cual ejecutar las órdenes de la dirección. Esta clase de sistema es un falseamiento de la actividad de los SGAs. El propósito de los SGAs es potenciar a los trabajadores mismos para que contribuyan con sus propios recursos intelectuales al éxito de la fábrica. Mientras los SGAs incrementan naturalmente las capacidades de la fuerza laboral y mejoran los resultados respecto a los objetivos mutuos de dirección/trabajadores, la potenciabilidad y habilidades de los grupos SGA son superiores a la suma de las habilidades de los miembros individuales. El resultado real de la actividad SGA es la mejora del lugar de trabajo mismo y del valor añadido en la fabricación.

Algunas personas pueden decir, «¿SGAs? Ya hemos tenido círculos de calidad...» Pero un verdadero programa SGA puede dar como resultado un lugar de trabajo revitalizado y una mejora real de resultados. Estimamos que vale la pena examinar otra vez el concepto de los SGAs.

NIVEL UNO

- No se desea comenzar con los SGAs.

«¡Haga lo que se le dice!». Muchas compañías de nivel uno han elevado esta deprimente propuesta de mentalidad de finca agrícola a una especie de sagrada esritura. Aunque los trabajadores aspiran a menudo a modos nuevos, más eficientes y ahorradores de esfuerzo para hacer sus trabajos, se les dirige para que sigan los ineficientes procesos largo tiempo puestos en práctica. Esta clase de sistema da como resultado una moral severamente baja, donde cada uno intenta sobrevivir haciendo tan poco como puede: «¿Si la dirección no está interesada en la eficiencia, porqué lo vamos a estar nosotros?»

Algunas fábricas de nivel uno dicen tener SGAs, pero realmente los tienen sólo de forma nominal. Cuando se examinan de cerca, sus SGAs son solamente extensiones de una jerarquía dictatorial similar a las de las compañías sin SGAs. Esta situación excluye el estado estimulante de confianza y autonomía en el que los empleados de línea tienen la libertad para mejorar creativamente la eficiencia, empeorando la moral más que antes como consecuencia de lo falso de la situación. Este sistema está a una gran distancia de los verdaderos SGAs.

Acción correctiva para pasar al nivel dos

- Primero, crear un sistema formal de sugerencias de mejoras en la fábrica.

A menudo, implantar un sistema formal de sugerencias es un primer paso para conseguir que arranquen los SGAs y eliminar los temores de algunas personas sobre este tema. A través de un sistema como ese, los empleados tienen un modo para recomendar algunas de las muchas ideas de mejora que se les ocurren durante sus ocupaciones diarias. Después de remitir sus ideas, se reconoce su diligencia y, de algún modo, se les recompensa.

Primero, debe decidirse el diseño de un impreso de uso fácil y explicar cómo trabaja el sistema de sugerencias. Hay que asegurar ofrecer un gran estímulo —muchos empleados han estado durante años condicionados para permanecer silenciosos. En muchas fábricas, hay trabajadores que tienen buenas ideas, pero no se sienten cómodos poniéndolas por escrito. El contramaestre o encargado debe ayudar a estos empleados a redactar sus ideas de forma que puedan participar plenamente.

Muchos programas formales de sugerencias tienen sistemas de evaluación claramente definidos que puntúan las sugerencias de acuerdo con la cantidad de esfuerzo invertido en su preparación o con los efectos que se seguirán de su implantación. Muchas compañías otorgan reconocimiento o recompensas monetarias de acuerdo con el nivel de evaluación. Es esencial que los directivos consideren seriamente cada propuesta y la evalúen tomándose el tiempo necesario pero con una retroacción rápida que estimule al trabajador remitente.

Cuando el sistema de sugerencias no se orienta estrictamente a la mejora de los redimientos de la fábrica sino que también se enfoca a mejorar la moral y las relaciones humanas, se produce una sinergia entre ambos aspectos.

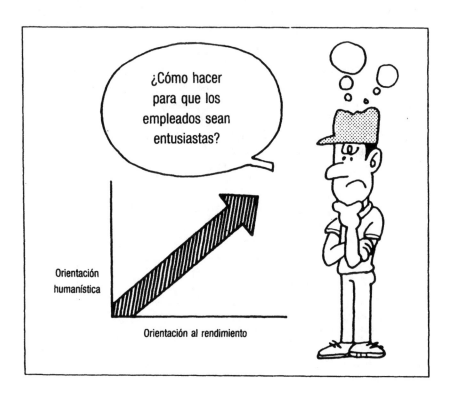

Puntos importantes e ideas útiles

- Tener presente el efecto sinérgico de tener al mismo tiempo una orientación a resultados y una orientación humana.

NIVEL DOS

- La compañía demuestra tener interés en crear los SGAs y prepara un programa de implantación.
- Está en funcionamiento un sistema formal de sugerencias de mejora.

Aunque los SGAs no existen aún en la fábrica de nivel dos, funciona un sistema formal de sugerencias a través del cual pueden hacerse propuestas para mejorar la fabricación y puede evaluarse y recompensarse el deseo de cooperar de los empleados. Los directores y mandos intermedios tienen una buena comprensión de lo que son verdaderamente los SGAs y un deseo real de preparar un programa que pueda estimular el potencial de los empleados. Este deseo se manifiesta en planes concretos: se ha fijado fecha para el comienzo del programa, y se ha impartido instrucción y entrenamiento básicos para todos los empleados.

Aunque el sistema formal de sugerencias eleva el nivel de «preocupación por las oportunidades de mejora» de algunos empleados, un programa de mejora limitado al sistema formal de sugerencias fuerza a la compañía a confiar en la motivación individual. Muchos empleados tienden a ignorar el sistema por considerarlo difícil o por desconocerlo. En las fábricas de nivel dos, la dirección entiende que la motivación surge habitualmente de la actividad, de forma que hacen todo lo que pueden para empezar a activar los SGAs.

Acción correctiva para pasar al nivel tres

- Establecer una oficina SGAs.

La industria japonesa tiene muchos casos en los que las compañías se apresuraron en el establecimiento de los SGAs. En estos casos, los SGAs empezaron cuando no se habían resuelto aún algunos temas y los resultados fueron a menudo decepcionantes. Muy pronto después de su establecimiento, estos sistemas desaparecieron, o llegaron a ser meras formas sin contenido y efecto práctico, o terminaron justamente como otro nivel en el sistema de dirección tradicional sin potenciar realmente la fuerza laboral. Antes de empezar la actividad de los pequeños grupos, es esencial establecer una oficina de promoción/administración de los SGAs y tener preparado alguna clase de manual que explique lo que significa un SGA y cómo funciona.

La primera función de esta oficina debe ser ofrecer material de información sobre la producción de sugerencias de mejora o sobre los modos de rehacer sugerencias que han sido rechazadas por el sistema en el pasado. Tal literatura incrementa el número de sugerencias propuestas y estimula a los trabajadores para incrementar su actividad.

Puntos importantes e ideas útiles

- Preparar adecuadamente los SGAs o el sistema SGA fracasará.
- Asegurar ofrecer impresos para sugerencias simples e información útil para escribir sobre ellos.

NIVEL TRES

- Los SGAs han empezado, o los hubo en el pasado pero han desaparecido.
- La tasa de sugerencias formales es menor de una sugerencia por mes y persona.

La fábrica de nivel tres tiene SGAs, pero tiene también una o dos de las siguientes condiciones:

- Las actividades SGAs han caído a un estado en el que las personas «siguen rutinariamente el movimiento» en vez de utilizar los SGAs como un programa dinámico para mejorar la eficiencia y la productividad.
- La falta de vitalidad es evidente con una tasa de sugerencias menor de una sugerencia por persona y mes.

En las fábricas de nivel tres hay actitudes negativas y comentarios: «¡He visto al mismo líder del grupos SGA durante demasiado tiempo!» o «¡No tengo ninguna sugerencia que recomendar, ¿qué pasa?» o «Antes tenemos que esforzarnos en cumplir este programa de entregas, ya nos ocuparemos más tarde del SGA».

En fábricas como ésta, los directores pueden pensar que las cosas marchan bien porque los trabajadores están enviando muchas sugerencias —quizá diez por año. Pero cuando se compara con fábricas activas, una tasa de solamente diez por persona/año implica estancamiento. Estas fábricas con tasa baja no han llegado a extraer el potencial real de la fuerza laboral.

Acción correctiva para pasar al nivel cuatro

- Los directores y mandos ofrecen apoyo a los SGAs.
- Se da entrenamiento práctico en PPORF.

Para llevar su fábrica hasta el nivel cuatro, debe utilizar plenamente el efecto sinérgico de una orientación que refuerza igualmente los logros y las relaciones humanas (moral). Un modo para hacer esto es tener actividades regulares fuera de horas en pequeños grupos. Pequeñas reuniones festivas, barbacoas, picnics, juegos de bolos, viajes — cualquier cosa de estas es útil en tanto mejore las relaciones interpersonales y promueva un flujo fácil de información. Los directores y mandos intermedios deben también hacer un esfuerzo para asistir a estos eventos. Las actividades sociales fuera de las horas laborales serán fundamento sobre el cual encontrarán su éxito las reuniones en horas de trabajo.

Es también importante reconciliar las metas y objetivos individuales con las metas y objetivos corporativos. Esto no es decir que los individuos deben perder su voluntad confundiéndola con la de la compañía. Más bien significa que debe haber una atmósfera en la que la compañía apoya a los empleados y los empleados apoyan a la compañía, y un entorno donde los empleados libremente pueden seleccionar las metas que perseguirán en sus esfuerzos para contribuir a los intereses de la compañía.

Puntos importantes e ideas útiles

- Las reuniones durante las horas de trabajo deben enfatizar la eficiencia. Intentar mantener muchas reuniones cortas y asegu-

rar que serán cortas no ofreciendo sillas. Las reuniones durarán solamente lo que soporten las piernas de los asistentes.

- Hacer las reuniones después de las horas de trabajo más relajadas y sociales.
- Los directores y mandos deben asistir a las reuniones posteriores a las horas de trabajo.

NIVEL CUATRO

- Los SGAs son entusiastas y activos.
- Cada empleado remite más de dos sugerencias por mes.

En la fábrica de nivel cuatro los SGAs funcionan con entusiasmo, y este entusiasmo se difunde en el trabajo normal de los miembros

de los SGAs. Una manifestación es una tasa de sugerencias de más de dos propuestas por empleado/mes. El sistema administrativo SGA tiene un activo papel en la promoción de los SGAs. Cada uno de los grupos tiene su nombre propio y propósitos, reglas y filosofía bien definidos y seleccionados por el grupo, no impuestos por la dirección.

A este nivel virtualmente hay una participación universal en el programa. Los SGAs están organizados con diferentes responsabilidades para los diferentes miembros, y cada uno de ellos juega un papel vital y activo. Hay un sistema de recompensas para las buenas recomendaciones y los grupos pueden emplear los premios en metálico para actividades recreativas o sociales.

Acción correctiva para pasar al nivel cinco

- Mantener reuniones multinivel para ayudar lo anterior cuando sea apropiado.

Aunque los directores y mandos intermedios no deben interferir en la autonomía de los SGAs, si ignoran los SGAs esto puede percibirse como indiferencia, lo que daña el entusiasmo SGA. Algunas veces, el entusiasmo de los mejores equipos falla, y los grupos afrontan problemas que son demasiados difíciles para resolverlos solos. En estos casos, es vital el apoyo e instrucción de la dirección y mandos intermedios. Pueden darse entrenamiento adicional en reuniones multinivel en las que pueden también analizarse y discutirse las necesidades de la compañía como conjunto.

Las actividades SGA pueden también mejorarse organizando conferencias sobre liderazgo una vez al mes. En éstas, los líderes pueden exponer y examinar el entusiasmo y actividades de diversos grupos y considerar modos de mejorar la moral y eficiencia de las reuniones SGA.

Puntos importantes e ideas útiles

- Los líderes pueden dibujar en un gráfico su estimación de lo que están haciendo sus grupos comparado con el mes anterior.
- El mejor momento para ayudar y estimular a un SGA es cuando la ola del entusiasmo ha llegado a su máximo —no esperar a que el grupo toque fondo antes de ayudarle.
- Permitir a los supervisores directos o a los mismos grupos SGA

que evalúen el mérito de las sugerencias que no sean superlativamente técnicas de forma que los directores e ingenieros no se vean abrumados con papeles una vez que el sistema de sugerencias alcanza el nivel de una plena participación.

NIVEL CINCO

- Los SGAs son muy activos.
- Cada uno de los empleados hace más de cinco sugerencias por mes.

La fábrica de nivel cinco está llena de SGAs activos y el sentimiento de entusiasmo se extiende más allá de las actividades SGA. Se da un entorno en el que cada uno se siente libre para expresar sus honestas opiniones sobre todos los temas de forma que los objetivos corporativos y los de los SGAs convergen espontáneamente. En la fábrica de nivel cinco, los objetivos de grupo son casi siempre logrados a través de los esfuerzos y deseos de todos los miembros de los grupos. Cada uno está logrando sus deseos personales mientras se hacen significativas mejoras en la fábrica y las personas disfrutan con su asociación en actividades recreativas posteriores a las horas laborales.

Estado actual		puntos
Meta uno		puntos
Meta dos		puntos

Clave 4

Reducción de los stocks (Trabajo en curso)

Alrededor de una tercera parte de las 20 claves del diagrama de relaciones (véase Introducción) se dedican a los modos de aumentar la velocidad del proceso y acortar los plazos de fabricación. La posición de honor en este aspecto, conectada con la estructura principal mediante una flecha gruesa, está ocupada por «Reducción del stock». De todos los métodos para acortar el plazo de fabricación, esta clave tiene el impacto mayor en elevar la calidad de la fabricación.

Desde el momento en que los stocks entran en la fábrica como primeras materias hasta que la abandonan como productos acabados, pasan a través de diversos pasos de fabricación en muchas localizaciones. Desafortunadamente, los traslados de aquí a allá a través de las áreas de trabajo ofrecen una amplia oportunidad para que el material repose en algún lugar de la fábrica o en almacenes intermedios como trabajo en proceso. En una fabricación normal o proceso de ensamble en los que el trabajo se mueva en orden secuencial de un subproceso al siguiente, reducir el stock a la mitad tiene como consecuencia una reducción del 50 por 100 en el plazo de fabricación.

Consideremos el ejemplo de una línea de fabricación con cuatro procesos y asumamos que hay cinco artículos parcialmente completados entre cada proceso. Si desea cambiar el proceso para producir algo diferente, tendrá que completar los veinte artículos antes de comenzar a producir el nuevo producto —la flexibilidad es baja. Sin embargo, si encuentra un medio de reducir el stock intermedio a cero unidades, el trabajo en proceso se reduce justamente a los cuatro artículos que se están procesando actualmente en el equipo. La quinta unidad producida será el nuevo producto. Como resultado, Vd. será capaz de cambiar los tipos de productos fabricados en la cuarta parte del tiempo necesitado anteriormente.

Sin embargo, los problemas del trabajo en proceso van más allá del efecto en los tiempos invertidos en cambiar de tipo de producto. Los stocks intermedios originan gastos de intereses, emplean capital,

51

utilizan espacio de la fábrica, requieren tiempo de gestión, y utilizan recursos para traslados, manipulaciones y almacenaje. La redución o eliminación del stock elimina una plétora de pérdidas.

NIVEL UNO

- El stock intermedio se considera un mal necesario; por tanto, no hay interés en reducirlo.

La dirección en las fábricas de nivel uno tiene la impresión de que cuando la fábrica se retrasa en las entregas, lo mejor que se puede hacer es acumular algo de stock en la fábrica de forma que los trabajadores tengan más ocupación. Estos directores parecen pensar que con más trabajo en la fábrica, la fábrica producirá eventualmente más unidades , resolviendo entonces el problema de los retrasos en las entregas. En esta fase, la dirección piensa que cuanto más stock esté en espera de proceso ante una máquina, más duro trabajará el operario para acabar la faena; y aumentará la producción. Sin embargo, los directores están confundidos y frustrados porque el estado de cosas en la fábrica parece ir de mal en peor, las entregas se retrasan cada vez más, y no aciertan con la razón de porqué la eficiencia parece seguir bajando. Llegan a la conclusión de que los trabajadores de la planta deben estar haciéndose cada vez más perezosos.

La organización de montañas de stocks en la planta y su movimiento por la misma es un gran coste de tiempo, pero los directores se encogen de hombros, pensando que es justamente lo que debe hacerse. Como consecuencia de los largos plazos de fabricación, abundan las «órdenes calientes» y urgentes. Estas órdenes especiales tienen que manejarse sorteando pilas de stocks, perturbando cualquier clase de sistema o flujo lógico de fabricación. Esto ralentiza los procesos de fabricación normales aún más, con el resultado de incrementos de stocks aún mayores.

Acción correctiva para pasar al nivel dos

- Entender que la reducción de los stocks da como resultado regularizar el funcionamiento, reducir los costes y una calidad más elevada.

Como muestra el diagrama, poner de manifiesto el desperdicio es el primer paso hacia una eficiencia más elevada. Para llegar a ser una fábrica de nivel dos, primero debe descubrir los orígenes y tipos de desperdicio en la fábrica. A menudo, el mejor modo de descubrir las raíces del desperdicio es empezar eliminando el desperdicio de la sobreproducción. Cuando tiene grandes pilas de stocks, tiene el desperdicio de tener que manipularlo y moverlo, así como otras muchas clases de desperdicio asociadas al exceso de stocks.

El mejor modo de eliminar el stock excedente es simple. Se necesita conducir una campaña en la fábrica para educar a cada empleado, a todos los niveles, de forma que comprendan completamente que el stock puede y debe reducirse. Una vez que esto está en marcha, hay que trabajar para crear un entorno en el que todos los empleados participen en la reducción del stock (véase clave 3, Actividades de Pequeños Grupos).

Puntos importantes e ideas útiles

- Todas las actividades que no añaden valor al producto son un despilfarro.
- Reducir el stock hace más fáciles de descubrir todas las demás actividades despilfarradoras.

NIVEL DOS

- Enfoque parcial para la reducción de los stocks: reducir el stock del trabajo en proceso en la fábrica, en una línea cada vez.

En las fábricas que no tienen experiencia directa en la reducción de los stocks, un intento súbito de remover todos los stocks intermedios conducirá a un desastre. A menos de que todos los empleados tengan un buen conocimiento del proceso de reducción de los stocks, el resultado es confusión.

A menudo, es útil comenzar reduciendo el trabajo en proceso en una línea modelo. Esto permite experimentar y cometer errores en una escala pequeña. Así, eliminar todo el stock intermedio en la línea modelo de forma que el único stock en la línea sean los artículos que se están procesando. Una vez que esta línea se haya desembarazado de todos los artículos excedentes de forma que funcione con regularidad, se puede ampliar el sistema a otras líneas de la fábrica.

Después de completar la reducción de stocks en una o dos líneas, se ha conseguido experiencia práctica en la reducción de los stocks y puede considerarse que la fábrica es de nivel dos.

Acción correctiva para pasar al nivel tres

- Emplear el sistema de 20 claves con plena participación de todos en la planta.

En muchas fábricas, los directores y el personal trabajador piensan que la reducción de los stocks es una función de la dirección en la que el personal trabajador no tiene nada que hacer. Incluso con actitudes como ésta, es aún importante que todos los empleados comprendan la necesidad de la reducción de los stocks y el método para lograrla. Es muy útil publicar y distribuir una guía para la reducción del stock en su fábrica particular.

El modo más efectivo para reducir los stocks es determinar metas específicas, temporalizadas para la reducción de los stocks y entonces movilizar las demás claves PPORF para lograr el objetivo.

Puntos importantes e ideas útiles

- La educación general en PPORF es útil para la reducción de los stocks.
- Preparar materiales, diseñados especialmente para su fábrica, a utilizar en la educación personal sobre métodos de reducción de los stocks.

NIVEL TRES

- Reducción de stocks en toda la fábrica.
- Reducir los stocks en un 50 por 100, incluyendo artículos en carros y vehículos entre procesos.

La fábrica de nivel tres utiliza las demás claves del PPORF para asistirse. Si la fabricación acoplada de la clave 8 está por encima del nivel tres, el stock intermedio, por definición, ha caído a la mitad de lo que era antes de la mejora. En una fábrica de nivel tres respecto a la reducción de los stocks, éstos, incluyendo los elementos sobre carros o vehículos de transporte se han reducido a la mitad de lo que eran con anterioridad al arranque de la reducción de los stocks.

La fábrica de nivel tres tiene claros objetivos de reducción de los stocks y todos los empleados desde la cabeza a los trabajadores de línea comprenden la necesidad de reducir los stocks así como el proceso que se empleará para lograr los objetivos de reducción. Utilizando como base de operaciones los grupos SGA, los planes de reducción de stocks se desarrollan línea por línea. Sin embargo, en la fábrica de nivel tres, las modificaciones no se han realizado aún en muchas de las líneas.

Acción correctiva para pasar al nivel cuatro

- Integrar las líneas de fabricación de múltiples procesos.
- Utilizar la producción en pequeños lotes y métodos de fabricación con mezcla de modelos.

La fábrica de nivel tres tiene células de fabricación con la producción encadenada y stock reducido. Para llegar a ser una fábrica de nivel cuatro, los empleados deben remover los puntos de acoplamiento entre estaciones de trabajo, recolocando el equipo para crear una línea de producción plenamente integrada. Es también importante ir tan lejos como sea posible en la reducción del tamaño de los lotes y en la estandarización de la producción para facilitar los cambios rápidos de útiles. Una línea de producción con mezcla de modelos es un modo de facilitar la flexibilidad de la fabricación. La reducción en el número de unidades procesadas simultáneamente en un paso particular ayudará a reducir el stock, así como a reducir el número de pasos de proceso, simplificando así el proceso de fabricación. Si se trata de una línea de ensamble final, este es el momento para acortarla físicamente.

Puntos importantes e ideas útiles

- La producción en pequeños lotes reduce los stocks.
- Reducir el stock que se está procesando al mismo tiempo que el stock entre procesos.

NIVEL CUATRO

- Se han sistematizado métodos y equipo.
- El control de los stocks abarca la planta entera.
- Stock reducido en un 75 por 100.

En la fábrica de nivel tres, los procesos se han encadenado de forma que el stock puede haberse reducido a la mitad. El nivel cuatro amplía el proceso para incluir a todas las líneas de fabricación. Durante esta fase se han eliminado también muchos de los puntos de acoplamiento. Puede hacerse un procesamiento de unidades singulares, y las reducciones en los pasos de proceso y la eliminación de movimientos despilfarradores ha acortado físicamente la longitud de las líneas de producción a la mitad de lo que eran antes.

La fábrica de nivel cuatro tiene también procesos combinados. Consideremos, por ejemplo, dos procesos de prensas, punzonado y desbarbado. Muchas prensas tiene un útil para desbarbar dos piezas antes de enviarlas a la prensa que las punzona. Si se reconstruyen las mesas y útiles para hacer el punzonado y desbarbado simultáneamente con un golpe de prensa, el stock puede reducirse y eliminarse un paso de proceso. En la fábrica de nivel cuatro, la reducción del stock está en paralelo con la reducción de pasos de proceso.

Puntos importantes e ideas útiles

- La clave 9 (Mantenimiento de máquinas y equipos) debe estar en un alto nivel para evitar la necesidad de stocks «buffer» (stocks «colchón» o amortiguadores).

Acción correctora para pasar al nivel cinco

- Unir la fábrica con la división de ventas.
- Responder a las demandas de los usuarios.

Para estar preparado para el nivel cinco, deben romperse las barreras entre la dirección y la planta, y también reducir los stocks a un nivel tal que la fábrica pueda responder instantáneamente a las demandas del cliente. Antes de que la fábrica pueda alcanzar un nivel cinco en reducción de stocks, debe equilibrarse la producción y resolverse muchos problemas remanentes en programación de la producción y otras áreas del PPORF. Por ejemplo, para reducir el stock a un puro mínimo en todas las áreas de la fábrica, los empleados tienen que tener un entrenamiento en procesos múltiples (polivalencia) (clave 15) para prevenir ausencias y cambios de demanda, y tiene que desarrollarse la red de suministradores (clave 12) para evitar las rupturas de stock. Antes de que se pueda alcanzar la perfección en cuanto a los stocks, es necesaria casi la perfección en las otras 19 claves.

Como se dijo en la Introducción, la «perfección» en el sistema de las 20 claves puede alcanzarse solamente paso a paso considerando cada una de las áreas independientemente. Si este proceso se ejecuta cuidadosamente, la calidad de la fabricación se reforzará hasta el punto de la perfecta adaptabilidad.

Puntos importantes e ideas útiles

- Perfeccionar la habilidad para fabricar exactamente el producto correcto en el tiempo exactamente apropiado para satisfacer las necesidades del cliente.

NIVEL CINCO

- Métodos perfectamente ajustados.
- Alto nivel de mejoras y perfectos sistemas de evaluación.

La fábrica de nivel cinco ha reducido su stock en más de un 80 por 100 y puede responder casi instantáneamente a muchas demandas de los usuarios. Si es necesario, las líneas de fabricación pueden manejar pedidos de múltiples modelos plenamente mezclados sin ralentizarse. En este nivel, la línea puede ajustar libremente su mezcla en respuesta a las necesidades de la división de ventas. La línea ha logrado una perfecta adaptabilidad.

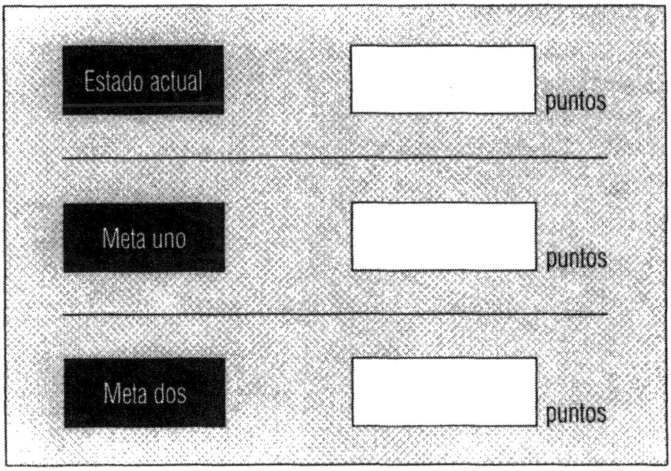
Estado actual
puntos
Meta uno
puntos
Meta dos
puntos

Clave 5

Tecnologías de cambios rápidos de útiles

Para satisfacer las demandas del moderno mercado, las fábricas deben encontrar un modo parta ser suficientemente flexibles produciendo pequeños volúmenes de gran variedad de artículos mientras mantienen todas las ventajas competitivas de la producción en masa de un único producto. Esta meta ambiciosa requiere capacidad para cambiar rápidamente los útiles.

Para mantener la participación en el mercado en esta era competitiva, debe ampliar el rango de sus ofertas incrementando su línea de productos, mientras ofrece entregas en pequeños volúmenes que se ajusten a las estrictas demandas de los consumidores. Más bien que tratar de evitar las preparaciones de máquinas más frecuentes, muchas compañías han optado por mejorar su tecnología de cambio de útiles hasta el punto en que es económicamente viable tener cambios de útiles muy frecuentes.

Por otro lado, los cambios de útiles tienen costes reales en tiempo y dinero, y los cambios rápidos exigen niveles de tecnología que no poseen muchas fábricas. Algunas compañías se han sentido abrumadas por la aparente magnitud de estos obstáculos y no han intentado mejorar sus tecnologías en este aspecto. Sin embargo, un creciente número de fábricas han tenido éxito implantando métodos de cambios rápidos de útiles. (Dependiendo del tipo de fábrica, el término más apropiado para su programa puede ser «cambio rápido de útiles», o de «herramientas», o «preparación de máquinas», etc.).

Sin embargo, la mejora de la calidad de la fabricación requiere algo más que justamente tecnología de cambio de útiles; requiere un cambio en las actitudes básicas hacia la mejora. Si se frena justamente en la mejora de los cambios de útiles en sí, el esfuerzo para «fabricar buenos productos. más rápidamente, más baratos, con mayor seguridad y facilidad» llegará a paralizarse. Para mejorar la calidad de la fabricación hay que realizar ciertos pasos, uno cada vez. La adquisición de la tecnología de los cambios rápidos de útiles es uno de ellos.

NIVEL UNO

- Falta de comprensión —«Es correcto aumentar el tamaño de los lotes para reducir el número de cambios de útiles».

La fábrica de nivel uno piensa que las preparaciones de máquinas son un mal necesario, con el énfasis en lo de «necesario». Cuando la dirección piensa sobre las preparaciones de máquinas para un nuevo producto, lo consideran como algo que desperdicia tiempo. También piensa en la habilidad que requieren los cambios de útiles y desea tener personal mas entrenado para tratar este asunto. Los directores de tales fábricas dicen cosas como: «Los cambios de útiles son el problema económico», o «si fabricamos algo más de este producto y hacemos el tamaño del lote justamente un poco mayor, podremos producirlo más económicamente».

Esta clase de fábrica hace estimaciones de los pedidos del mercado al principio del período para producir en grandes series en un intento de reducir los costes. Hay poca o ninguna flexibilidad para responder a los cambios en las necesidades del mercado.

Acción correctiva para pasar al nivel dos

- Entender que la sobreproducción crea despilfarro.

El primer paso para mejorar la fábrica de nivel uno es comprender que la sobreproducción no solamente origina gastos de intereses por los incrementos de stocks, sino que también incide en seis de las siete formas de desperdicio: stocks, movimientos y manipulaciones, trabajos rehechos y desechos, trabajo en curso, transporte, y capital.

Debe también entenderse que es posible reducir los tiempos de cambio de útiles a menos de 10 minutos casi en cada fábrica. Una vez que se percibe esto, todo lo que se necesita es la voluntad para acortar los tiempos de cambio de útiles y eliminar todo el desperdicio que resulta de la sobreproducción. Escuche las voces de la fábrica. Cuando oiga «¿Está seguro de que no hemos hecho ya demasiado de esto?» y «¡Eh¡ —No tenemos ya espacio para colocar esto», entonces tendrá consciencia de la necesidad de mejorar los procesos de cambio de útiles.

Puntos importantes e ideas útiles

- Examinar la necesidad de los cambios rápidos de útiles en términos del progreso en la clave 4 (Reducción del stock) y de la clave 8 (Acoplamiento de procesos).

NIVEL DOS

- Comienzo del estudio —algunos empleados entienden los métodos.

En una fábrica de nivel dos, los directores y empleados sienten la necesidad de tener cambios de útiles rápidos y los han estudiado, y algunos miembros del staff y empleados conocen los conceptos.

Desfortunadamente, incluso si todos los empleados han estudiado los conceptos de los cambios rápidos de útiles y pueden decir que han acortado los tiempos de cambio por debajo de los diez minutos, si hacen dichos cambios con una atención inadecuada al detalle y al ajuste, todo ello solamente causará problemas en la fábrica. Tales prácticas no resultarán en una productividad más elevada.

Para que los cambios rápidos de útiles mejoren la fábrica en su conjunto, los empleados necesitan primero tener la capacidad de diferenciar entre preparación interna (actividades de cambio de útiles que deben hacerse con la máquina parada) y preparación externa (actividades de preparación anteriores y posteriores que pueden hacerse con la máquina en marcha). A continuación, los trabajadores tienen que aprender métodos para reconvertir actividades internas en actividades externas. Finalmente, los trabajadores tienen que aprender a eliminar la necesidad de ajustes después de completar el cambio de útiles.

En la fábrica de nivel dos, como mínimo algunos de los empleados y del staff dominan los conceptos de forma que las preparaciones de máquinas pueden hacerse correctamente en menos de diez minutos.

Acción correctiva para pasar al nivel tres

● Conseguir una plena participación en los cambios rápidos de útiles.

Cuando intente llegar a ser una fábrica de nivel tres, no es suficiente que cada empleado conozca los métodos de los cambios rápidos de útiles simplemente. El éxito depende absolutamente de que cada empleado esté personalmente comprometido a acortar el tiempo que toma cambiar los útiles.

Los cambios de útiles incluyen tareas manuales y por tanto, requieren operarios, pero la habilidad necesaria va más allá de la fuerza del brazo. Los cambios de útiles eficientes exigen que todos los trabajadores utilicen sus conocimientos y experiencia para encontrar los modos más efectivos de cambiar útiles, plantillas, etc.

Para emplear plenamente los recursos de todos los empleados, estos deben formar grupos de cambio rápido de útiles que cuenten como mínimo con un empleado que tenga un conocimiento extenso de la tecnología necesaria. Deben establecer metas de grupo para una reducción de los tiempos de cambio. Estas metas deben establecer un tiempo específico hasta el cual el cambio de útiles debe acortarse (para empezar, nueve minutos es usualmente una buena meta) en una fecha determinada. Un buen método de establecimiento de metas que ha sido utilizado para promover cambios de útiles eficientes es crear un formato en el que se relacionen los nombres de los miembros del grupo de cambio rápido de útiles, el nombre del líder, el tiempo que toma actualmente hacer un cambio, el tiempo meta y la fecha plazo para cumplir la meta. Colgar este documento en algún lugar por encima de la máquina para que todos lo vean. Las metas escritas es más probable que se logren que las no escritas, y las metas expuestas públicamente es más probable aún que se cumplan que las que simplemente se escriben y se guardan dentro del grupo.

Algunas compañías emplean «formatos de mejora de operaciones» (véase clave 6) para evaluar sus métodos de cambio de útiles.

Puntos importantes e ideas útiles

- Las fábricas que puntúan por encima de 3,5 puntos en la clave 2 (Racionalización del sistema/Dirección de objetivos) o 3 puntos en la clave 3 (Actividades de pequeños grupos) deben tener anuncios de información de grupos de cambio rápido de útiles.

NIVEL TRES

- El tiempo se ha reducido realmente.
- Todos los empleados reciben entrenamiento en cambios rápidos de útiles, y los cambios rápidos se hacen en algunos equipos.

La fábrica de nivel tres tiene un sistema bien definido para facilitar el despliegue de las técnicas de cambio rápido de útiles y los grupos SGA están mejorando activamente los procedimientos de cambio. Todos los empleados conocen lo esencial de los métodos de cambio rápido.

Cuando la fábrica alcanza el nivel tres, en cada esquina de la fábrica pueden escucharse comentarios tales como: «¡Hemos reducido un cambio de útiles de una hora a seis minutos!» o «El método de cambio que se aplica aquí es...» En la planta hay un sentimiento de asombro generalizado ante lo que se considera un cambio increíble.

En esta fase de desarrollo, áreas tales como la mejora de la calidad y los ahorros de costes tienen nueva vitalidad, sinergizadas por el éxito en los cambios rápidos de útiles.

Acción correctiva para pasar al nivel cuatro

- Patrocinar demostraciones de cambios rápidos de útiles y otros eventos.

Las demostraciones abiertas de cambio de útiles, donde grupos que han temido éxito muestran lo que hacen y cómo, son a menudo muy beneficiosas para el estudio mutuo. En estas exhibiciones, los grupos que han alcanzado sus metas de tiempo realizan un cambio real en su equipo de forma que otros grupos puedan observarlo. Los grupos que han tenido éxito deben también preparar pósters que expliquen sus éxitos (y fracasos) e ilustran los métodos más importantes que hayan desarrollado.

Intentar reunir tantos miembros del staff de dirección y empleados como sea posible para contemplar la demostración. Es eficaz presentar un certificado de logro u otra recompensa para el equipo que realiza la presentación.

Con este tipo de demostraciones, los grupos que han sido más rápidos para alcanzar sus metas de mejora ayudarán a los grupos que se han retrasado. Esto estimulará a todos los grupos a hacer mejoras en la fábrica, ayudará a mejorar otras áreas y unirá al personal.

Puntos importantes e ideas útiles

- A través de demostraciones de cambios de útiles, puede motivarse a todos los empleados de la fábrica.
- Discutir y compartir métodos específicos en estas exhibiciones.
- Recompensar a los grupos que alcancen sus metas de tiempo.

NIVEL CUATRO

- Los métodos de cambio rápido de útiles se emplean en todo el equipo en general.

En la fábrica de nivel cuatro, se han implantado en todas las máquinas los métodos de cambio rápido de útiles a través de demostraciones públicas de cambios. Se han establecido a lo largo de la fábrica estándares de cambio de útiles fácilmente comprensibles. En esta fase de desarrollo, los cambios rápidos de útiles existen como mínimo en dos tipos de equipos. Las exhibiciones en estos equipos han demostrado que las viejas preparaciones de máquinas pueden, realmente,

reconvertirse para realizarse en menos de diez minutos, incluso si ello requiere un grupo de personas para ejecutarlo.

En este nivel de progreso, cuando se introducen en la fábrica nuevos equipos o productos, las preparaciones de máquinas toman un tiempo más largo puesto que la preparación no es aún familiar. Pueden surgir casos en los que, por ejemplo, cambios de útiles que se hacen en seis minutos por un equipo de tres personas toman doce minutos cuando está ausente uno de los miembros del equipo. Situaciones como ésta no significan que la fábrica no haya logrado una posición de nivel cuatro, porque no se requiere aún la perfección. En tanto que los equipos hayan demostrado como mínimo en dos diferentes tipos de equipo que los cambios de útiles pueden hacerse en menos de diez minutos, la fábrica está cualificada para ser considerada como de nivel cuatro.

Acción correctiva para pasar al nivel cinco

- Trabajar en la capacidad para cambiar cualquier tipo de útil o herramienta en cualquier momento en menos de nueve minutos.
- Aceptar el desafío de cambiar los útiles dentro de un ciclo.

Muchas personas asumen erróneamente que una vez que la fábrica ha mejorado de forma que todas las preparaciones de máquinas pueden hacerse dentro del tiempo meta (usualmente alrededor de nueve minutos), el proceso permanecerá estático de ahí en adelante y ya no hay necesidad de preocuparse sobre la mejora de los cambios de útiles y preparaciones. Desafortunadamente, en el mundo industrial, nada es alguna vez estático. Siempre habrá nuevas piezas y procesos que requieran diferentes preparaciones. Muchas veces, estas nuevas preparaciones de máquinas toman un tiempo considerablemente más largo que el sistema de cambio rápido de útiles existente para las antiguas preparaciones. Para llegar a ser una fábrica de nivel cinco, debe adquirirse la flexibilidad que permita que cambios de útiles, herramientas y plantillas puedan hacerse en menos de diez minutos incluso con nuevas piezas o procesos modificados.

El otro desafío principal para llegar a ser una fábrica de nivel cinco es hacer el cambio de útiles «con un toque o sobre la marcha», dentro de un ciclo de fabricación. Si puede lograrse esto, entonces los costes de cambio de útiles se reducen al mínimo y puede producirse en unidades singulares al mismo tiempo que no se perturba el ritmo del resto de la línea. Si los cambios de útiles pueden hacerse cada uno dentro de una unidad de tiempo de ciclo y se hacen así secuencialmente a lo largo de la línea, entonces llegan a hacerse realidad los lotes del tamaño de una unidad.

Puntos importantes e ideas útiles

- Incluso en nuevas situaciones, cada uno debe ser capaz de realizar un cambio de útiles rápido.
- Aceptar el desafío de acortar todos los cambios de útiles y plantillas por debajo del tiempo de un ciclo.

NIVEL CINCO

- Se hacen cambios rápidos de útiles en todas las máquinas y para cada pieza.
- Se progresa en cambiar útiles, plantillas etc., en menos de un ciclo de tiempo.

En una fábrica de nivel cinco, no importa quién esté operando el equipo, o cuál sea la máquina, pieza u orden de trabajo, los cambios de útiles se ejecutan regular y eficientemente, incluso aunque nadie lo observe. Se ha simplificado considerablemente el proceso de preparación de máquinas y no hay necesidad de ajustes o carreras de ensayo. En este nivel, el sistema está tan refinado que incluso los nuevos empleados pueden completar los cambios sin temor a error y el intercambio de útiles, troqueles, etc., nunca crea desechos o trabajos a rehacer. La mayoría de los cambios de útiles pueden hacerse dentro de un ciclo de tiempo y la fábrica nunca tiene que hacer pausas por una nueva preparación de máquinas.

Estado actual		puntos
Meta uno		puntos
Meta dos		puntos

Clave 6

Análisis de valores de las operaciones de fabricación (Mejoras de métodos)

Aunque una fábrica puede beneficiarse considerablemente de mejoras individuales, «de un golpe», considerar la fábrica entera y refinar las tareas individuales desde una perspectiva general rinde aún mayores resultados. El Análisis de Valores de la Fabricación (VA) es un método para analizar la función de cada paso o movimiento individual de la fabricación, clarificando cada acción y su propósito, y revaluando el valor actual de estos movimientos. Lo esencial de la VA es que cualesquiera movimientos que no añaden valor al producto son un desperdicio. Empleando una perspectiva VA cuando se hacen mejoras puede usualmente eliminar muchos movimientos innecesarios elevando por tanto la productividad y reduciendo los costes.

El Análisis de Valores de la Fabricación no necesita limitarse a los procedimientos de mano de obra directa en la fábrica. Puede también aplicarse eficazmente a las inspecciones y los tests así como a las actividades de investigación y desarrollo. En la práctica, las actividades VA se realizan a menudo utilizando una Hoja de Mejora de Operaciones (véanse ejemplos al final de este capítulo). La mejora en esta clave a menudo potencia a los empleados hasta el punto de doblar la productividad.

Para hacer mejoras en Análisis de Valores, primero hacer progresos en el resto de las 20 claves. Si está tratando las claves una cada vez, recomendamos retrasar ésta área hasta casi el final. Si su objetivo es doblar la productividad a través del empleo del sistema de las 20 claves, póngase como meta como mínimo un nivel cuatro en Análisis de Valores —una reducción del 50 por 100 es el número de pasos de fabricación. Utilizando esta clave en conjunción con las otras 19 claves, es posible doblar la productividad, adquirir adaptabilidad, y mejorar la calidad de la fabricación.

NIVEL UNO

- No hay interés en el VA.
- Mejoras dispersas.

La fábrica de nivel uno en Análisis de Valores utiliza una orientación dispersa en temas de mejora a través del sistema formal de sugerencias. Desafortunadamente, sólo es posible un grado limitado de mejora mediante la simple remisión de sugerencias por los empleados o con mejoras aisladas y dispersas en la fábrica. Las mejoras iniciadas por los trabajadores usualmente enfatizan temas que hacen el trabajo más fácil o más agradable para los propios trabajadores más bien que cosas que tengan un efecto más general en la fábrica. Mientras mejorar las condiciones para los trabajadores tienen un efecto significativo en la productividad, el efecto global es limitado.

Los trabajadores pueden llegar con ideas tales como «sería más eficiente que utilizásemos una llave de trinquete en vez de una llave de rosca». Sin embargo, si el tema se considera en el contexto de los procesos anterior y siguiente, puede descubrirse que utilizar una llave de impacto, o incluso alguna clase de adhesivo evitando la colocación de un perno, es el método más eficiente. La fábrica de nivel uno ignora el hecho de que las mejoras más valiosas son las que pueden mejorar el proceso de fabricación completo.

Acción correctiva para pasar al nivel dos

- Hacer mejoras sistemáticamente.
- Medir el tiempo ahorrando a través de las mejoras.

Para mejorar hasta un nivel dos, es importante primero desarrollar un clima que promocione el hábito de contemplar los problemas desde una perspectiva amplia. ¿Cuáles son las cosas que impiden que los empleados hagan un buen trabajo y cuáles de éstas son más importantes? Hay también que pensar en términos de las cinco W y una H: quién, qué, cuándo, dónde, porqué y cómo. En muchas fábricas de nivel uno, el sentimiento general es que estimar e informar del tiempo ahorrado a través de las propuestas de mejora requiere demasiado esfuerzo. Hasta que cambien estas actitudes, hay poca esperanza de mejora.

Aunque el staff pueda hacer estudios para determinar el valor de las mejoras propuestas por los trabajadores, es más efectivo si los trabajadores mismos —los que están al lado de las operaciones— estudian lo que impide su propia eficiencia y realizan estudios de valor/tiempo sobre los movimientos que ejecutan. Los trabajadores tienen las ideas más acabadas del valor/tiempo actual de las operaciones y están en la mejor posición para ofrecer propuestas que mejoren la eficiencia.

Puntos importantes e ideas útiles

- Contemple cada operación en el contexto del proceso completo.

NIVEL DOS

- Está empezando la mejora sistemática de cada proceso.

En una fábrica que utilice el VA, cada proceso individual de fabricación se descompone en sus movimientos componentes, y cada movimiento se examina para comprobar si añade valor. Cuando se descubren movimientos despilfarradores, los empleados formulan planes de acción correctiva, seleccionan un líder para la acción correctiva, establecen plazos, e informan de los resultados esperados.

Los elementos necesarios se incluyen en la Hoja de Mejora de Operaciones, que emplean las fábricas de nivel dos. Estos impresos facilitan la mejora continua en las operaciones de la fábrica. Facilitan la expresión de los problemas y sus soluciones y en ellos también se anotan los plazos fijados y los métodos empleados. La fábrica de nivel dos se ha comprometido a desarrollar impresos y ha empezado un proceso de desarrollo asignando recursos para trabajar en el problema. Sin embargo, en la fábrica de nivel dos, aún no está claro el modo más eficiente de entender los problemas y la mejor manera de formular acciones correctivas.

Acción correctiva para pasar al nivel tres

- Pregunte «porqué» cinco veces para cada movimiento de la fabricación.

El primer paso para mejorar hasta el nivel tres es adoptar una perspectiva en la que constantemente se estará preguntando «Todos los movimientos que no añaden valor al producto son un despilfarro —¿cómo evalúo este movimiento?».

Una Hoja de Mejora de Operaciones incluye dos columnas etiquetadas «Añade valor» y «Despilfarro». Los trabajadores deciden si el movimiento añade valor al producto y marcan aquí su decisión. Una vez que se descubre el desperdicio utilizando un impreso como éste, es importante tener un sistema para desarrollar acciones correctivas efectivas. Entre las muchas estrategias para eliminar los movimientos despilfarradores se incluye el uso del Cálculo Modular de Tiempos Estándares Predeterminados (MODAPTS), el método de mejora de la manipulación de materiales (MH), y la tecnología de grupos (GT). Hay que estudiar los diversos métodos y determinar cuál es el más apropiado para su fábrica.

Puntos importantes e ideas útiles

- Aprender a reconocer el despilfarro.
- Aprender a reconocer áreas que necesitan mejora y derivar planes de acción correctiva.

NIVEL TRES

● Se hacen mejoras sistemáticas en cada proceso.

Cada esquina de la fábrica de nivel tres puede decir: «En nuestro departamento, utilizamos las Hojas de Mejora de la Operaciones y aumentamos nuestra eficiencia en el 30 por 100.» En esta fase, se desarrollan y ejecutan planes de mejora sistemáticos y acciones correctivas con resultados tangibles.

También debe ser posible escuchar observaciones como: «En nuestro departamento, todos los empleados han estudiado y captado bien la filosofía MODAPTS.» El sistema MODAPTS es un modo de expresar los ahorros esperados de tiempo e incluso las mejoras muy pequeñas. Por ejemplo, pueden calcularse los ahorros de tiempo de actividades tales como la limpieza y la organización, fundamentales para todas las mejoras. Una cuantificación de esta finura añade potencia a las propuestas de mejora.

Acción correctiva para pasar al nivel cuatro

- Desarrollar una Hoja de Mejora de Operaciones que ayude a identificar las áreas de mejora.
- Desarrollar planes de acción correctiva para alcanzar sus metas (usualmente una reducción del 50 por 100 de los movimientos).

Si reduce el movimiento de operación total en más de un 10 por 100 identificando y eliminando las acciones que toman tiempo sin añadir valor, la fábrica está probablemente también capacitada para los cambios rápidos de útiles —las compañías que han trabajado en la clave 5 pueden haber alcanzado también este nivel de reducción de tiempos. Sin embargo, en el Análisis de Valores de la Fabricación una reducción del 50 por 100 en el tiempo de proceso *total* puede lograrse eliminando los obstáculos a la productividad que pueden sacarse a la luz con este programa, si se da una atención suficiente a las actividades VA.

Para pasar al nivel cuatro, es importante, por ejemplo, crear un sistema con el que la planta pueda operar con «piloto automático» durante la hora del almuerzo, manejar los materiales automáticamente, eliminar los cuellos de botella, utilizar gráficos de análisis operario-máquina para identificar los tiempos en vacío, y emplear todos sus recursos para conseguir una reducción del 50 por 100 en los pasos o el tiempo de proceso.

Puntos importantes e ideas útiles

- Establecer metas específicas para la reducción de los tiempos de proceso.
- Solicitar la cooperación de otros departamentos.

NIVEL CUATRO

- Se hacen mejoras sistemáticas en los procesos de toda la fábrica.
- Cada sección individual realiza una reducción del 50 por 100 en los pasos de proceso.

La fábrica de nivel cuatro ha acortado a la mitad el número de pasos de proceso en la mayoría de las áreas y ha doblado su eficiencia. Se ha eliminado también mucho desperdicio que surge entre procesos o áreas, y, como mínimo, se ha ahorrado un 50 por 100 del tiempo en la manipulación de stocks y materiales así como en los pasos de fabricación.

En la fábrica de nivel cuatro, los ahorros de tiempo posible mostrados en las Hojas de Mejora de Operaciones totalizan como mínimo un 50 por 100 del tiempo global de fabricación. Solamente se implantan las «mejoras» que muestran ahorros reales en tiempo o dinero. Los métodos de análisis, formulación e implantación de los planes de ahorro de tiempo y dinero son claros y se practican bien. De este modo, cuando se introducen nuevos métodos o procesos en la fábrica, arrancan con un nivel de eficiencia que es el doble de lo que sería de otro modo.

Acción correctiva para pasar al nivel cinco

- Coordinar esfuerzos con el departamento de diseño (VE-Inge-niería de Valores).

- Coordinación con los departamentos de investigación básica.
- Introducir sistemas de fabricación flexible (FMS) o robots.
- Utilizar ordenadores para automatizar las oficinas (OA).

Cuando la fábrica ha alcanzado un nivel cuatro, el desperdicio se ha eliminado virtualmente del proceso de fabricación. Sin embargo, esto no significa que los prductos se estén fabricando tan eficientemente como es posible. La mayoría de las fábricas pueden obtener reducciones adicionales de tiempo y costes mediante la cooperación entre fabricación, diseño y departamentos de investigación básica. Por ejemplo, pueden conseguirse grandes avances en productividad, si los ingenieros de diseño proyectan piezas más fáciles de fabricar y las diseñan para realizar solamente las funciones necesarias (para complacer al mercado, o si los ingenieros de investigación básica aportan nuevos materiales o procesos).

Ultimamente, un entorno competitivo requiere medidas extremas tales como instalar robots o sistemas de fabricación flexible que automatizan las fábricas totalmente, reduciendo los gastos, variabilidad, errores de plazo y otros problemas comunes a los operarios humanos. El clima industrial moderno requiere también automatizar las oficinas, la fabricación ayudada por computador, sensores automáticos de todas clases y una mayor flexibilidad de todos los sistemas.

Puntos importantes e ideas útiles

- Considerar el empleo de robots o FMS solamente después de que se hayan eliminado todas las demás formas de desperdicio. No caer en la trampa de meramente «automatizar el desperdicio».

NIVEL CINCO

- Todas las mejoras se hacen sistemáticamente.
- Aunque los tamaños de lote y los tipos de producto cambian constantemente, se ha reducido en dos tercios el número de pasos de fabricación.

La fábrica de nivel cinco responde a los cambios súbitos en el entorno de negocios con cambios rápidos en el proceso de fabricación. Se preservan el tiempo y el dinero, y la automatización flexible elimina virtualmente todos los movimientos innecesarios.

Durante los períodos de alto crecimiento, la automatización era un tema altamente favorito en muchas compañías. En aquella época, la producción se realizaba en gran escala con los mismos productos hechos en gran número en líneas virtualmente dedicadas. La ingeniería de fabricación era tema de muchos estudios. Sin embargo, esta era una época en la que los grandes mecanismos de transferencia y transportadores eran el estándar de la automatización de fábricas. La automatización resultaba usualmente en líneas de producción altamente inflexibles produciendo solamente un producto estándar.

El desarrollo del moderno microprocesador con circuitos integrados ha cambiado todo esto, conduciendo a un equipo de automatización de fábricas que puede utilizarse para producir los diversos artículos que demanda el consumidor actual. La fábrica de nivel cinco emplea esta moderna tecnología.

Estado actual		puntos
Meta uno		puntos
Meta dos		puntos

Lista de mejora de operaciones—Operaciones generales

Objeto: Hacer más fácil separar la admisión de la bomba Fecha: 15/5/90

N.°	Tarea	Tiempo acumulado	Tiempo	Trabajo real	Desperdicio					Areas problema	Acción correctiva	Ahorros tiempo	Responsable	Fecha acción
					Transporte	Andar	Observar	Buscar	Otros					
1	Colocar la bomba en banco de trabajo		180		✓	✓		✓		Como no hay una mesa de trabajo específica, se gasta tiempo buscando sitio de trabajo.	Un carro para el trabajo con la bomba evitaría el tiempo de búsqueda	30		8/30
2	Reunir las herramientas	360	180			✓		✓		No se encuentran las herramientas a usar.	Poner las herramientas en el carro de trabajo dedicado.	0		.
3	Preparar las piezas para uso	840	480		✓	✓		✓		Se anda demasiado alrededor y llevando cosas.	Preparar anticipadamente las piezas necesarias.	0	NM	9/30
4	Remover accesorios	960	120	✓						Usar una caja de llaves para quitar accesorios.	Cambiar a llave de impacto.	60		6/30
5	Remover tubo cilíndrico	1089	129	✓						Bomba no fijada por debajo: se mueve.	Usar una garra para fijar la bomba al carro de trabajo.	100		.
6	Remover conjunto pistón	1218	129	✓						.	.	110		.

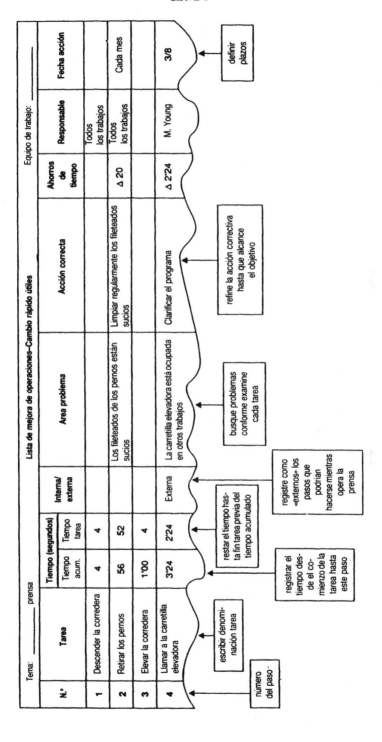

Lista de mejora de operaciones—Cambio rápido útiles

Tema: _____ prensa   Equipo de trabajo: _____

N.°	Tarea	Tiempo (segundos)		Interna/externa	Area problema	Acción correcta	Ahorros de tiempo	Responsable	Fecha acción
		Tiempo acum.	Tiempo tarea						
1	Descender la corredera	4	4					Todos los trabajos	
2	Retirar los pernos	56	52		Los fileteados de los pernos están sucios	Limpiar regularmente los fileteados sucios	Δ 20	Todos los trabajos	Cada mes
3	Elevar la corredera	1'00	4						
4	Llamar a la carretilla elevadora	3'24	2'24	Externa	La carretilla elevadora está ocupada en otros trabajos	Clarificar el programa	Δ 2'24	M. Young	3/8

definir plazos

refine la acción correctiva hasta que alcance el objetivo

busque problemas conforme examine cada tarea

registre como «externos» los pasos que podrían hacerse mientras opera la prensa

restar el tiempo hasta fin tarea previa del tiempo acumulado

registrar el tiempo desde el comienzo de la tarea hasta este paso

escribir denominación tarea

número del paso

Clave 7

Fabricación
con supervisión cero

En una era de producción altamente mezclada y pequeños lotes de una amplia variedad de productos, es muy difícil imaginar un proceso que no requiera atención humana. Los cambios de preparación de máquinas, el posicionamiento físico del producto, los cambios de útiles, los cambios de materias primas, la expedición de artículos acabados, etc., usualmente requieren algún tipo de intervención humana. Aunque están disponibles sistemas de fabricación flexible, tienen a menudo un coste prohibitivo.

Aunque diseñar un equipo que no requiera ninguna intervención humana es una tarea formidable, es relativamente simple fabricar equipos o procesos que puedan operar un ciclo cada vez sin requerir supervisión o atención de una persona. Denominamos a esto Fabricación con Supervisión Cero. Este concepto facilita que cada empleado opere múltiples unidades de equipo sin tener que verificar que las máquinas están procesando.

Las fábricas que tienen equipo con largos ciclos de tiempo pueden a menudo demostrar que han eliminado la supervisión del equipo en proceso cuando las fábricas siguen operando automáticamente sin intervención humana en la hora del almuerzo. Algunas fábricas que están intentando ampliar los períodos de tiempo en los que el equipo funciona sin observación, estimulan a sus trabajadores a dejar al equipo operar sin verificación incluso después de la hora del almuerzo.

Es claro que el equipo cuyo proceso se vigila por cualquier razón, debe eliminarse si la fábrica quiere llegar a un óptimo de eficiencia. Si la verificación se hace para detectar la producción de artículos inaceptables, entonces el equipo debe mejorarse. Si se hace para evitar falta de materias primas, entonces debe mejorarse el sistema. Si se hace para realizar ajustes durante el proceso, entonces debe eliminarse la variabilidad que exige ajustes.

La verificación del equipo no añade valor al producto y es, por tanto, un despilfarro de recursos. Todas las actividades de verificación deben eliminarse para optimizar el empleo de los recursos de la fábrica.

NIVEL UNO

- Nadie comprende que la verificación es una forma de desperdicio.

Muchas compañías no creen que la verificación sea una forma de desperdicio; estas compañías están en el nivel uno. El presidente de una compañía que visité iba tan lejos como para decir: «Es mi filosofía que cada empleado debe responsabilizarse de verificar cada proceso, la calidad es el todo, ¿no es así?» En otra compañía, la opinión universal parecía ser que si un empleado dejaba la máquina por un instante mientras estaba trabajando o permitía que su mirada se distrajese de la misma, algo espantoso podría ocurrir, causando grandes pérdidas a la compañía. Por tanto, parecía lo más natural del mundo estar constantemente observando estrechamente el equipo, de forma que el concepto de un empleado atendiendo a más de una máquina era algo totalmente extraño.

En la fábrica de nivel uno, los empleados creen que aunque las máquinas están diseñadas para hacer el trabajo, tienen que observarse para asegurar que todo lo hacen correctamente.

Acción correctiva para moverse al nivel dos

- Comprender que el rol de la máquina es diferente al del empleado.
- Asumir la actitud de que las personas no tienen que observar necesariamente las máquinas mientras éstas trabajan.

Para pasar la fábrica al nivel dos, es importante que los empleados piensen que las máquinas automáticas son como robots que continuarán trabajando por sí mismas incluso aunque nadie las observe. Este concepto de Verificación Cero comenzará a enraizarse cuando se perciba que observar la operación de los robots no es realmente trabajar —es jugar.

Incluso cuando se trata de equipos de uso general tales como fresadoras y limadoras, los empleados tienen que entender que las partes de operación automática de dichas máquinas utilizan ciclos que operan mecánicamente, como robots. Realmente, no necesitan supervisión si el equipo está apropiadamente diseñado, mantenido y ajustado.

Desafortunadamente, ciertas piezas del equipo exigen una supervisión constante. En vez de encogerse de hombros y aceptar la situación, es mejor hacer que el equipo trabaje de modo que no requiera atención constante. Puede pensar de la máquina que necesita un cuidado constante como un «robot infante» —adóptelo, y entonces adáptelo de forma que pueda funcionar con independencia.

Puntos importantes e ideas útiles

- Adopte una máquina como si fuese un robot infantil —¡con un poco de cuidado puede empezar a funcionar autónomamente¡

NIVEL DOS

- Plena consciencia del desperdicio que significa vigilar el funcionamiento del equipo.

En una fábrica de nivel dos, los empleados entienden que vigilar es justamente otra forma de desperdicio. Sin embargo, esta comprensión no es suficiente para disipar el temor arraigado de que se producirán rechazos si paran las actividades de supervisión. Este temor lleva a los trabajadores a continuar con sus actividades de supervisión incluso aunque de algún modo comprenden que se trata de operaciones despilfarradoras.

Cuando el personal de la fábrica no percibe como despilfarradoras las operaciones de supervisión, dichas actividades no llegarán a desarraigarse del proceso, Por otro lado, si los trabajadores sienten que es un desperdicio observar el equipo mientras opera, eventualmente alguien pensará en los modos de mejorar el sistema y conformará un plan de acción correctiva que elimine la necesidad de supervisión. Si están en pleno funcionamiento los sistemas de sugerencias formales y de grupos SGA, entonces ciertamente se producirán mejoras que eliminarán el desperdicio.

El personal en la fábrica de nivel dos empezará también a percibir que las mejoras en el equipo que eliminan la necesidad de supervisión reducen también los defectos.

Acción correctiva para pasar al nivel tres

- Aceptar el desafío de poner a la fábrica en «piloto automático» durante las horas del almuerzo —como mínimo para un ciclo.
- Conseguir una participación universal para el proyecto «autopiloto».

Es a menudo útil empezar por algo pequeño. Para los que empiezan, desafiar a los empleados a que mejoren su equipo hasta el punto de que puedan ponerlo en marcha para un ciclo justamente antes de salir para el almuerzo, con la confianza de que no tendrá lugar una catástrofe antes de que vuelvan a las áreas de trabajo. Si puede conseguir que el equipo trabaje cuando los empleados no están, no hay razón para pensar que el equipo necesitará ser supervisado durante las horas de operación normal.

Puede empezar con una plena comprensión de que el rol de las máquinas es diferente al rol que juegan los trabajadores, y que justamente porque las máquinas estén operando, ello no implica necesariamente que los empleados tengan que trabajar también en el mismo punto. Repita esta propuesta hasta que todos los empleados la acepten y tengan la voluntad de intentar el proyecto de autopilotaje. Si los grupos SGA adoptan como tema la Fabricación con Supervisión Cero, los resultados serán de lejos más favorables que si solamente unos pocos ingenieros intentan realizar milagros por toda la fábrica.

Los contramaestres y directores necesitan también entender que es difícil lograr una operación automática continua y que es positivo contentarse con empezar con operar automáticamente para ciclos singulares. Es esencial para el éxito del proyecto de autopilotaje la comprensión, asistencia y estímulo de la dirección.

Puntos importantes e ideas útiles

- Preparar un plan que asegure que no se producen rechazos durante el proyecto de autopilotaje.

NIVEL TRES

- Algunas unidades del equipo son capaces de operar un ciclo sin supervisión durante la hora del almuerzo.

La compañía de nivel tres ha tenido éxito en conseguir que más del 10 por 100 del equipo opere un ciclo sin atención personal, sea que el ciclo dure tres minutos o una hora. En este nivel, si el equipo comienza a malfuncionar, para automáticamente por sí mismo. En la cafetería, podrá escuchar conversaciones como: «Mi máquina continúa trabajando mientras estoy aquí comiendo», «¡La mía no puede hacer aún eso!» Parece existir un profundo interés en la Fabricación con Supervisión Cero.

La fábrica de nivel tres tiene un entorno favorable a la Fabricación con Supervisión Cero y planes concretos para eliminar las actividades de supervisión en todos los procesos.

Acción correctiva para pasar al nivel cuatro

- Ampliar el programa de autopilotaje de la hora del almuerzo para incluir a todo el equipo.
- Preparar planes para autopilotaje al finalizar la jornada laboral.

Cuando el programa de autopilotaje en la hora del almuerzo está funcionando en pequeña escala, existe en la fábrica el «know-how» básico. Apoyarse en las personas que han tenido exito en sus proyectos y ampliar el proyecto hasta que todo el equipo pueda operar un ciclo sin supervisión.

Algunos empleados de línea pueden protestar: «Es arriesgado que algunas unidades del equipo funcionen sin supervisión —queremos acabar con la variabilidad de estos quipos en primer lugar, de forma que no sintamos temor cuando dividamos nuestra atención mientras atendemos a varias máquinas que funcionan a la vez.» El programa de autopilotaje en la hora del almuerzo es inútil si un operario que maneja varias máquinas en una línea tiene que verificar justamente una de ellas. Si el operario tiene que permanecer en algún lugar de la línea para evitar defectos o malfunciones en una de las máquinas, tiene poco valor permitir que las otras máquinas operen sin supervisión.

Si las máquinas son capaces de operar un ciclo sin atención humana durante el almuerzo y si el tiempo del ciclo es lo suficientemente largo como para que merezca la pena (aproximadamente más de diez minutos), ahora es un buen momento para hacer modificaciones que permitan que las máquinas operen en autopiloto al final de la jornada laboral.

NIVEL CUATRO

- La mayoría de las máquinas pueden operar un ciclo sin atención humana durante el almuerzo.
- Un gran número de operarios están manejando más de una máquina.
- Se les deja operando solas a muchas máquinas cuando los operarios se van a casa.

En la fábrica de nivel cuatro, la mayoría de las máquinas pueden funcionar durante un ciclo, con algún tipo de alarma visual o auditiva para alertar al operario del final del ciclo para que sirva a la máquina y la disponga para operar el siguiente ciclo. Para que las máquinas puedan funcionar por sí mismas durante la hora del almuerzo y después de la jornada laboral, se instalan temporizadores que las paran automáticamente si nadie responde a la alarma en una magnitud de tiempo apropiada. Este período es usualmente corto para las máquinas simples y más largo para las máquinas mayores o complejas que requieren un mayor esfuerzo para el arranque.

Si la fábrica ha decidido dejar que las máquinas con ciclo largo funcionen después de acabar la jornada laboral, la planta implanta planes de autopilotaje de forma que los operarios puedan dejar las máquinas operando cuando se van a su casa.

En la fábrica de nivel cuatro, las máquinas se han modificado y refinado los procesos de forma que los operarios manejan con confianza varias máquinas sin tener que asistir como «niñeras» a las máquinas que es más probable que causen problemas.

Acción correctiva para pasar al nivel cinco

- Preparar un gráfico operario-máquina para identificar el tiempo que se ha liberado del operario de forma que éste pueda moverse a otras actividades.
- Eliminar completamente todas las actividades de supervisión.
- Mejorar los conocimientos de los empleados sobre tecnologías de automatización.

En la época en la que la fábrica alcanza el nivel cuatro, las máquinas funcionan con tan poca intervención humana que los operarios pueden sentir que no tienen que hacer más que sentarse y fijar la vista en las máquinas. Para moverse hacia el nivel cinco, es importante tener a los empleados buscando activamente cosas que hacer. Es también absolutamente esencial que los empleados tengan confianza en que hay trabajo para ellos durante y después de las mejoras que se están haciendo, o el temor a los despidos causará que el progreso pare. Debe estar claro como el cristal que las mejoras añadirán seguridad al trabajo en vez de perjudicarlo. Las compañías que tienen un poder competitivo pobre tienen un gran riesgo en esto, pero las compañías con altos niveles de automatización tienen poder competitivo para expansionarse más rápidamente que el desplazamiento de trabajadores causado por la automatización.

La fábrica de nivel cuatro puede beneficiarse en este punto de los estudios de tiempos/movimientos, así como de asesoramiento de apoyo para los empleados de primera línea sobre la forma de hacer mejoras en las otras 19 claves.

En este punto de progreso, es muy útil que los grupos SGA construyan gráficos operario-máquina. A través de estos gráficos los empleados pueden obtener una clara perspectiva de cuánto tiempo libre y cuánto de «mirón» hay, y qué acciones debe realizar el operario durante cada ciclo. Empleando estos datos, los ciclos deben acortarse o las responsabilidades cambiarse a dedicar el tiempo extra a trabajo real.

Para prepararse para el nivel cinco es necesario mejorar el conocimiento general de la tecnología de la automatización. Como los operarios necesitan conocer la tecnología de forma que puedan adaptarse a los cambios, es importante en este punto la educación —incluso es vital.

Gráfico operario-máquina

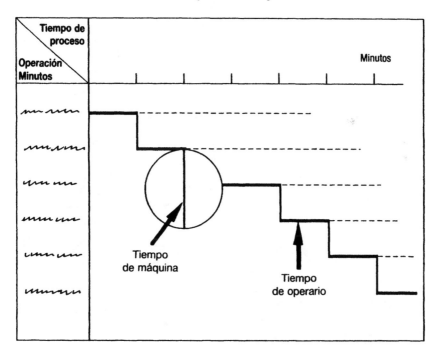

NIVEL CINCO

- Ritmos de operación claros, virtualmente sin actividades de supervisión.

La sala de prensas de la ilustración está al nivel cinco: todo el equipo está funcionando sin supervisión de forma que puede operar un ciclo de fabricación completo sin necesidad de intervención humana. Las máquinas están alineadas de forma que el operario puede ir de una máquina a la siguiente en un ciclo, servir las necesidades de cada máquina al final de su ciclo, retirar los productos, posicionar los materiales para la próxima carrera y hacer arrancar de nuevo al equipo.

En la fábrica de nivel cinco, incluso cuando un operario maneja varias unidades del equipo, tiene aún suficiente tiempo entre ciclos para ayudar a la persona próxima en los cambios de herramientas y útiles sin perturbar el ritmo de su propio trabajo. Todas las áreas de la fábrica —no solamente la sala de prensas sino también el taller de pintura/revestimientos, etc.— están implicadas en la Fabricación con

Supervisión Cero, y una persona puede hacer el trabajo que antes necesitaba cuatro personas. Los trabajadores desplazados se han reabsorbido en otras áreas de la compañía y se han puesto a trabajar en actividades más productivas.

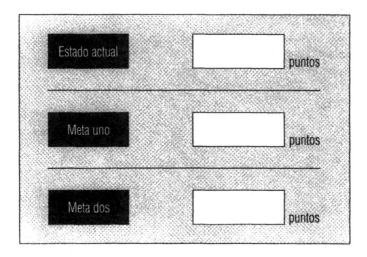

Clave 8
Fabricación acoplada

En la actual era de la diversificación , donde los gustos de los consumidores han cambiado hacia una mayor variedad y artículos «a la medida», los sistemas de fabricación deben cambiar para facilitar la producción con alta diversidad, y pequeños lotes. Ha pasado el tiempo en el que Henry Ford podía dedicar a toda su compañía a producir un modelo de coche con un solo color, sin opciones.

Algunas compañías han intentado equivocadamente adaptarse a las demandas diversas de los consumidores manteniendo stocks masivos de productos completados o trabajo en curso, de forma que puedan «responder rápidamente» ante los pedidos. De hecho, este método de tratar una diversificación elevada tuvo mucho éxito durante los períodos de alto crecimiento económico de la historia reciente.

Desafortunadamente, el crecimiento económico se ha ralentizado y la competencia se ha enconado más y más. La compañías no pueden permitirse por más tiempo el lujo de los grandes stocks y los diversos desperdicios que crean. Para asegurar la capacidad de respuesta supuestamente garantizada por los grandes stocks mientras se evitan los inconvenientes de los costes de éstos y sus efectos negativos en la calidad, las compañías deben encontrar un modo de producir más rápido, regular, con menos stocks y con menores tamaños de lotes. La fabricación acoplada, donde el acoplamiento se hace rápidamente aparente al observador, es un método para lograr esas metas.

La fabricación acoplada no es lo mismo que la fabricación conectada. En la mayor parte de la literatura, «fabricación conectada» implica hacer conexiones físicas para asegurar una rápida transferencia de materiales desde un proceso al siguiente. La fabricación acoplada implica comunicaciones y conexiones funcionales entre procesos. Estas no son necesariamente físicas, aunque puede haber un aspecto físico.

Las fábricas acopladas han señalado puntos de acoplamiento al final de cada proceso de fabricación. El trabajador del proceso siguiente viene al punto de acoplamiento para retirar materiales como si estuviese comprando en un supermercado. La filosofía de que el proceso siguiente es el cliente impregna toda la fábrica. El proceso anterior intenta siempre ofrecer al proceso siguiente materiales de excelente calidad justamente en las cantidades necesarias. Como regla, el proceso siguiente viene al proceso previo para retirar los artículos parcialmente completados; esto se denomina un sistema «pull».

Algunas fábricas acopladas están montadas para utilizar un sistema «push». En estas fábricas, el punto de acoplamiento o almacenaje intermedio está situado al comienzo de la línea en la que tiene lugar el siguiente proceso de fabricación. El proceso previo entrega los artículos en este punto tan pronto como los fabrica. Los niveles del flujo de fabricación están controlados por un plan con niveles de stock designados para cada punto de acoplamiento. El proceso siguiente retira materiales de la localización indicada y, después de procesarlos, los envía al punto de almacenaje inicial del proceso siguiente.

En ambos tipos de sistemas, los acoplamientos entre procesos son como cadenas de enganche entre vagones de ferrocarril —son cadenas visibles que sirven para mantener a la fábrica con un ritmo uniforme.

NIVEL UNO

- Cada proceso funciona con independencia.

En la fábrica de nivel uno, cada proceso opera independientemente. Cada operario cree que en tanto produce lo programado, todo trabajará bien. Los soldadores piensan solamente en las soldaduras y su programa. En las máquinas herramientas piensan solamente sobre sus máquinas y su programa.

Mientras la adherencia al programa no es en modo alguno dañino, los programas a menudo se preparan sobre una base mensual con una cierta cantidad para la pieza A, pieza B, etc. Los operarios tienen una tendencia natural a seguir sus propios planes para cumplir el programa —quizá dedicando la primera semana exclusivamente a procesar A, la siguiente a procesar B, etc.— sin pensar en las necesidades del proceso siguiente.

En una fábrica en la que no hay cooperación entre procesos, los stocks aumentan hasta niveles inmanejables. Los operarios ignoran a menudo al personal de los procesos anteriores (quienes no saben lo que hacer con las montañas de sus piezas acabadas), concentrándose en grandes lotes o series (porque son más fáciles de producir) e ignorando también las necesidades de las personas de los procesos siguientes.

Acción correctiva para pasar al nivel dos

● Aprender sobre el flujo de materiales en la fábrica.

Examinar el flujo de los materiales, desde que entran como materias primas en la fábrica, hasta que la dejan como artículos acabados. Seguir la ruta que toman los materiales y observar los lugares en los que se para el flujo o donde se congestiona.

Las fábricas que empiezan a interesarse por las actividades de acoplamiento descubren a menudo que el producto intermedio que se produce en la estación A se produce también en la estación B así como en otras estaciones dispersas por aquí y por allí. Nadie está seguro de los niveles del stock porque nadie está seguro de dónde están los diferentes stocks. Frecuentemente, cuando una estación empieza a consumir materiales en su proceso los operarios tienen que

recorrer la fábrica, buscando más materiales iguales en otras estaciones.

La filosofía fundamental del acoplamiento es que todas las estaciones deben alcanzar una comprensión mutua sobre lo que hay que producir y en dónde, y dónde hay que colocar los materiales parcialmente procesados para que sean accesibles al proceso siguiente. El sistema debe refinarse hasta el punto en el que no resten cuestiones y no se necesiten posteriores discusiones. Los niveles de stock deben ser aparentes de una ojeada y las estaciones de trabajo deben saber qué producir y dónde, simplemente mirando los depósitos de stock.

Puntos importantes e ideas útiles

- Encontrar un modo efectivo de coordinar los planes de producción de los operarios de las diversas estaciones.
- Hacer planes para producir los stocks en toda la compañía.
- Crear un sistema en el que todos los stocks de una pieza particular se mantienen en un solo lugar cualesquiera sean los lugares donde se producen o utilizan.

NIVEL DOS

- Todos los empleados comprenden plenamente la importancia de acoplar los procesos y los métodos de acoplamiento.

El método más eficiente de acoplamiento difiere de una planta a otra de acuerdo con el tipo de producto o procesos de fabricación. Suponga que el método más eficiente para su fábrica consiste en las tarjetas kanban, programas, luces destelleantes, niveles de stock predesignados o cualquier otra cosa, todo ello es algo que el staff debe determinar mediante investigación o estudio. La fábrica de nivel dos ha decidido un método de mejora asegurándose que todos los trabajadores lo conozcan. Está clara la dirección de la fábrica, y está en práctica un programa activo para educar a los trabajadores y directivos sobre cómo trabajará el programa.

En esta fase, todos los trabajadores son conscientes de la importancia de acoplar sus procesos y participan en estudios para desarrollar acoplamientos eficientes. Los trabajadores que vivirán y trabajarán con el sistema, están a menudo en la mejor posición para crear un sistema que acople los procesos. En algunas áreas de la fábrica, el sistema supermercado puede parecer el más apropiado, con los stocks ordenados en estantes. En otras áreas, los trabajadores pueden desear producir solamente lo que encaje en paletas de stock controlado. En otra área, se puede preferir implantar alguna clase de sistema kanban. La fábrica de nivel dos ha completado estos pasos de planificación y ha diseñado sistemas de acoplamiento para toda la fábrica.

Acción correctiva para pasar al nivel tres

- Después de desarrollar la estrategia de acoplamiento de la fábrica, hay que reunir a los líderes de los procesos «previos» y «siguientes» para discutir los detalles.

Para preparar el nivel tres, los líderes de los procesos (usualmente los líderes de grupos SGA que son responsables de procesos particulares) se reúnen para discutir el mejor modo de adaptar el sistema

general de acoplamiento de la fábrica a sus procesos específicos y determinar la forma de los puntos de acoplamiento.

Por ejemplo, si se ha seleccionado un sistema supermercado, entonces el «cliente» (el proceso siguiente) deseará colocar sus peticiones y disponer de input en los puntos designados de almacenaje. El proceso previo deseará tener un almacenaje eficiente que satisfaga las necesidades de su cliente. Por tanto, conferenciando pueden crear el sistema que se ajuste mejor a ambos.

Si la fábrica decide utilizar un sistema kanban, ambos lados tienen que acordar el funcionamiento de los kanbans y la forma que adoptará el sistema. Si la fábrica utiliza el método de palets con stock controlado, los representantes de ambos procesos tienen que reunirse para decidir la forma de los palets y el número de unidades que contendrán.

Puntos importantes e ideas útiles

- Las actividades de los grupos de fabricación se armonizan acoplando los procesos (controlando los puntos de acoplamiento).

NIVEL TRES

- La fábrica comienza a instalar puntos de acoplamiento.
- Comienza la gestión de la fabricación a través de los puntos de acoplamiento.

En la fábrica de nivel tres, se conocen en toda ella los métodos para mejorar el acoplamiento de procesos y se han establecido ya algunos puntos de acoplamiento para materiales. Todos los empleados están de acuerdo en los planes y procedimientos para los puntos de acoplamiento.

Esto no implica que todos los puntos de colocación de stocks tengan que adoptar la misma forma. Una fábrica tiene a menudo algunas líneas que hacen producción en masa, otras que producen pedidos especiales uno cada vez. Como los diferentes estilos de producción tienen necesidades diferentes, el enfoque más racional es crear varios estilos de puntos de acoplamiento dentro de la fábrica. Forzar dentro del mismo molde a todos los puntos de acoplamiento solamente puede crear confusión.

La ilustración muestra un punto de acoplamiento típico para una cierta pieza en el final de una línea de producción en masa. El número inferior es el nivel de stock y el número en el triángulo es el nivel del stock mínimo. Cuando el stock del punto de acoplamiento excede del nivel máximo, parará la producción de la pieza. Cuando el stock cae por debajo del nivel mínimo, la producción arrancará de nuevo. De este modo, los procesos previo y siguiente pueden trabajar acoplados.

Es importante entender que los niveles altos de stock en los puntos de acoplamiento son un problema enteramente diferente de los excesos de stock dentro de las líneas (tema examinado en la clave 4). Es de lejos más fácil operar con un stock cero dentro de una línea, donde la proximidad física hace más fácil la comunicación, que operar con stock cero entre líneas, especialmente cuando los productos de una línea aprovisionan a múltiples líneas consumidoras.

La parte derecha de la ilustración muestra un panel de control de un punto de acoplamiento, en el que se colocan los programas de fabricación y las líneas o estaciones operan de acuerdo con el programa maestro de forma que marchan al unísono.

Acción correctiva para pasar al nivel cuatro

- Ampliar el sistema para incluir la fábrica entera.
- Minimizar todo el stock muerto.
- Crear «acoplamientos automáticos» entre todos los procesos.

La fábrica de nivel tres tiene como mínimo algunos puntos de acoplamiento. Estos puntos de acoplamiento mostrarán al resto de la fábrica la eficiencia de los puntos y cómo facilitan las operaciones entre procesos acoplados. Otras áreas pronto querrán participar también en el programa.

En este momento es apropiado desechar el almacenaje de piezas que tan a menudo se encuentran entre las áreas de fabricación y ensamble. Por supuesto, el almacenaje de piezas es el lugar donde las piezas se almacenan hasta que se necesitan en la línea de ensamble. Aquí permanecen tradicionalmente grandes cantidades de materiales acabados. Todo esto consume tiempo y dinero en manejo y control, y no es nada más que un drenaje de recursos. Por otro lado, eliminar esta tradición no es cuestión simple. Para abolir este desperdicio, deben encajar perfectamente los ritmos de las líneas de fabricación y ensamble. Para lograr un estricto acoplamiento de esto, se requieren nuevos niveles de cooperación e iniciativa.

Puntos importantes e ideas útiles

- El establecimiento de puntos de acoplamiento facilita formas de control de la producción nuevas, más eficientes y más gratas.
- Asegurar que toda la fábrica comprueba cómo funcionan los puntos de acoplamiento establecidos y las mejoras en eficiencia que producen.

NIVEL CUATRO

- A través de toda la fábrica se han establecido puntos de acoplamiento.
- La planta está empezando a combinar múltiples líneas en una unidad singular.

La fábrica de nivel cuatro está conectada en su totalidad actuando como una unidad por sus puntos de acoplamiento. La fábrica está también comenzando a combinar dos o más líneas en una, eliminando, por tanto, la necesidad de ciertos puntos de acoplamiento. Una fábrica de nivel cuatro debe retirar puntos de acoplamiento como resultado de la combinación de líneas.

En este nivel, la fábrica funciona regularmente. Si la fábrica está empleando un sistema kanban, cada estación hace sólo la cantidad de productos que corresponde a las tarjetas en mano. Si la fábrica está empleando el sistema supermercado, el aprovisionamiento es fácil porque las piezas requeridas están siempre en stock.

La fábrica tiene un sistema para pedir piezas utilizadas ocasionalmente en el que la fecha de entrega puede establecerse en el momento del pedido, eliminando por tanto la necesidad de mantener tales piezas en stock. Los pedidos «a la medida» serán también tratados rápida y fácilmente en un taller acoplado libre de stocks.

Acción correctiva para pasar al nivel cinco

- Reducir el stock en los puntos de acoplamiento.
- Reducir el número de puntos de acoplamiento combinando líneas.
- Asegurar que están en práctica actividades de mantenimiento apropiadas.

En este momento, el sistema de acoplamiento es activo en toda la fábrica y se utiliza como método para el control de la producción. Ahora es el momento de investigar los niveles más apropiados de stock en los puntos de acoplamiento y encontrar el modo de reducirlos sin afectar adversamente a las actividades de fabricación en las líneas o en los acoplamientos mismos.

En este punto es también vital asegurar que se realizan actividades de mantenimiento apropiadas. Acoplar estrictamente una fábrica que tiene mínimos stocks «buffer» puede ser devastador si las líneas (o incluso los puntos de acoplamiento mismos) funcionan irregularmente o empiezan a tener problemas funcionales. Para reducir el stock de un punto de acoplamiento a su verdadero mínimo, el proceso aprovisionador debe asumir una participación mayor en la responsabilidad. Esta línea debe encontrar modos (muchos de los cuales se mencionan en otras partes de este libro) para aumentar su flexibilidad, mejorar su fiabilidad, reducir defectos, acortar los tiempos de cambio de útiles, etc.

Un modo más efectivo incluso para reducir el stock es combinar dos líneas en una, usualmente con una recolocación física del equipo, y esforzarse entonces con reducir a cero el stock dentro de la línea. Más bien que meramente reducir el stock en el punto de acoplamiento, eliminar el punto de acoplamiento mismo.

Puntos importantes e ideas útiles

- Reducir el número de piezas en los puntos de acoplamiento.
- Combinar estaciones de trabajo en líneas y las pequeñas líneas en grandes líneas.

NIVEL CINCO

- Los procesos están organizados en líneas, con las líneas cortas combinadas en grandes líneas.
- Se han eliminado muchos acoplamientos.
- El sistema es altamente adaptable.

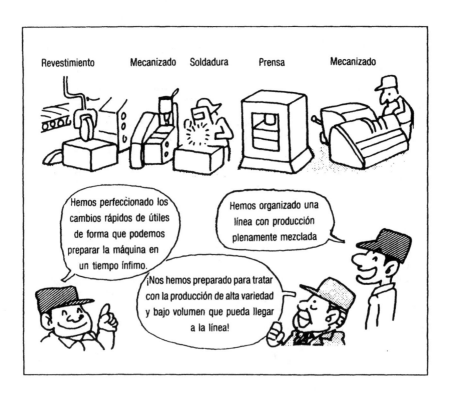

Una fábrica de nivel cinco funciona al unísono consigo misma. Una fábrica de este nivel ha pasado usualmente por los otros niveles, creando puntos de acoplamiento entre diversas áreas y reduciendo gradualmente su número consolidando las líneas. En la fábrica de nivel cinco, los puntos de acoplamiento ya no son necesarios; la fábrica entera es una línea singular con un stock interno cero. En tal fábrica, la soldadura, el mecanizado, la pintura y el revestimiento son parte de una misma línea. La planta emplea tecnologías de cambio rápido de útiles y funciona con un programa de producción mezclada completamente, lo que conduce a una plena adaptabilidad.

Estado actual	puntos
Meta uno	puntos
Meta dos	puntos

Clave 9

Mantenimiento de máquinas y equipo

La dirección y trabajadores de muchas compañías se quejan de estar demasiado ocupados para poder cuidar el equipo o realizar las actividades de mantenimiento de rutina. Se hace funcionar el equipo hasta que se avería, y entonces se quejan de que se retrasa el trabajo porque el equipo se ha averiado. Por supuesto, las averías no están en el programa, y crean verdaderos estragos en las fábricas con stocks pequeños. Asimismo, reducen la calidad, causan incrementos en los stocks, arruinan la moral, cuestan dinero, retrasan los programas, y desperdician recursos. Es claro que en esta era de elevada competencia, una empresa no puede permitir que su equipo no sea confiable. Preservar y mantener la fiabilidad del equipo es una tarea esencial en una fábrica eficiente .

Un buen modo de empezar un programa de mantenimiento del equipo es disponer de la ayuda de expertos en equipos o mantenimiento. Un programa eficaz incluye usualmente un estudio serio de las técnicas de mantenimiento preventivo, seguido de un completo programa de control del mantenimiento en el que el equipo vital se repara antes de que se averíe. En contraste con el viejo dicho, «Si no se rompe, no lo arregle», hemos comprobado que es mejor arreglar los problemas cuando son pequeños y aparentemente insignificantes, que esperar que los problemas crezcan hasta la ruptura.

Las personas que operan el equipo están usualmente en mejor posición para verificar la condición del equipo día a día, que un departamento de mantenimiento separado. Por tanto, es muy eficaz que los propios operarios verifiquen diariamente el equipo, utilizando hojas de chequeo específicas para el equipo diseñadas para ellos por el departamento de mantenimiento.

Es una triste realidad que los directores de producción están a veces tan ocupados en gestionar los plazos de fabricación y entrega que delegan toda la responsabilidad sobre el mantenimiento preventivo en el departamento de mantenimiento. Desafortunadamente, los departamentos de mantenimiento no siempre entienden o conocen los trabajos de la fábrica con la misma profundidad que los trabajadores de producción. Sin embargo, muchas compañías japonesas han comprobado a través de una larga experiencia, que es muy eficaz implicar a los trabajadores directos de la planta en las actividades de mantenimiento preventivo. El eslogan es: «Si eres el que lo usa, eres el que debe evitar que se averíe.»

Si protege a su equipo de tres formas de abuso del mismo —falta de limpieza, falta de lubricación y reemplazo de piezas rutinario, y manejo erróneo— nunca deben producirse averías inesperadas. Si las disfunciones no están causadas por abuso del equipo, entonces las causas de estas disfunciones deben investigarse y eliminarse. Hay que pasar desde un pasivo «control del mantenimiento del equipo» a un dinámico «control de la mejora del equipo». A través de un programa de mejora, incluso el equipo y maquinaria viejos pueden hacerse funcionar mejor que el equipo nuevo.

NIVEL UNO

- Las máquinas funcionan hasta el límite.

Es sorprendente cuantas fábricas siguen la filosofía, «La producción es el todo —mientras el equipo pueda trabajar, exprímalo en todo su valor». A pesar de esta proclama, esta actitud sirve solamente para justificar la pereza personal de los trabajadores y su desinterés por el equipo. Los esfuerzos de los trabajadores de línea u operarios del equipo no están en armonía con los del departamento de mantenimiento —a menudo, incluso existe una relación antagónica.

En la fábrica de nivel uno, los operarios llaman constantemente al departamento de mantenimiento para arreglar problemas triviales que podrían haberse evitado si el equipo se estuviese utilizando y manteniendo apropiadamente. En las fábricas, los operarios están a menudo sin hacer nada cuando una máquina funciona mal. Si se les pregunta porqué, contestan inocentemente: «Los de mantenimiento están ocupados —no pueden venir a solucionar mi problema.» Realmente, la excusa es válida; en la fábrica de nivel uno, el departamento de mantenimiento tiene tal cantidad de demandas que no puede atenderlas.

Acción correctiva para pasar al nivel dos

- Cree grupos de estudio PM (Mantenimiento preventivo).
- Asegure que cada uno comprende la necesidad de las actividades de mantenimiento del equipo.

Es fácil ver que cuando el equipo vital sufre problemas inesperados, se retrasan los programas de fabricación, y que cuando el equipo está operando a niveles subóptimos, la calidad del producto es baja.

Si la compañía quiere tener futuro, la dirección, el staff y los trabajadores deben entender urgentemente que si el equipo no se mantiene en condiciones excelentes, el resultado será daños en la calidad, los costes, y los plazos de entrega, con el consiguiente impacto en la viabilidad de la compañía. Crear grupos de estudio para estimular un cierto nivel de preocupación y conocimiento es el primer paso en un programa efectivo de mantenimiento preventivo.

Es útil crear algún tipo de organización de mantenimiento, designar las piezas del equipo que son vitales (las que causan cuellos de botella o retrasos en la línea) como «equipo de PM principal», y desarrollar estrategias de mantenimiento para ese equipo. En esta fase, es util crear hojas de chequeo de mantenimiento preventivo para el equipo anterior. Solicitar la ayuda de los trabajadores que operan el equipo para cumplimentar dichas hojas.

Puntos importantes e ideas útiles

- Seleccionar el equipo que tenga el mayor impacto en la línea de producción.
- Preparar una lista de chequeo PM del equipo.
- Resistir a la tentación de incluir al principio demasiado equipo en el programa —no sobrepasar la capacidad del departamento de mantenimiento.

NIVEL DOS

- Realizar el PM en el equipo más esencial.

La fábrica de nivel dos tiene un grupo de mantenimiento preventivo compuesto por empleados del departamento de instalaciones y reparaciones del equipo. Los miembros de este grupo utilizan su «expertise» para eliminar las averías inesperadas en el equipo vital señalado para PM.

En la fábrica de nivel dos, los operarios del equipo señalado para PM utilizan listas de chequeo para inspección diaria de la condición del equipo. Utilizando como referencia estas listas de chequeo, el grupo PM conduce regularmente tests extensos de diagnóstico y operaciones de mantenimiento en el equipo señalado. En la fábrica de nivel dos, los operarios y muchos miembros del staff piensan aún que las actividades de mantenimiento son responsabilidad del grupo PM. Sin embargo, cualesquiera sea el tamaño del grupo PM, nunca llega a tener suficientes personas para realizar en todo el equipo chequeos PM profundos y el consiguiente mantenimiento. Por tanto, las actividades de mantenimiento preventivo sobre las máquinas no señaladas como equipo PM son un problema que se deja para más tarde.

Acción correctiva para pasar al nivel tres

- Plena implicación del personal en el mantenimiento preventivo.

Cuando se avería la máquina, la primera persona que lo observa es su operador. Esta persona debe ser también la primera que intenta repararla. Cuando los operarios empiezan a sentir que son personalmente responsables y, en cierto modo, copropietarios del equipo, se sienten directamente concernidos por su funcionamiento regular y, entonces, no desearán dejar el mantenimiento preventivo en exclusiva al grupo de mantenimiento preventivo.

Un buen primer paso para dar a los operarios mismos la responsabilidad del mantenimiento preventivo es estimular a los grupos SGA para desarrollar modos de eliminar las tres formas de abuso del equipo mencionadas anteriormente. Cuando hay dificultades con los equipos, los grupos SGA deben determinar si la causa se debe a abuso

con el equipo o a cualquier otra causa, y en que proporción. La lubricación y el reemplazo rutinario de piezas son problemas que usualmente son fácilmente aparentes a través de métodos de test estadísticos. Esta es una oportunidad excelente para que los grupos SGA utilicen metodología estadística para proteger al equipo de muchos problemas potenciales.

Puntos importantes e ideas útiles

- Los grupos SGA deben fijar metas para reducir el número de problemas del equipo causado por las tres formas de abuso del equipo.
- El grupo de mantenimiento preventivo puede entrenar a los grupos SGA y a los operarios individuales sobre el trabajo interno del equipo y los procedimientos apropiados de mantenimiento preventivo.

NIVEL TRES

- Los operarios son completamente conscientes de que son responsables de evitar que el equipo se averíe.
- Existen actividades para eliminar el mal uso del equipo.
- Se hace mantenimiento preventivo sobre todas las máquinas con el apoyo de los operarios.

En la fábrica de nivel dos, los especialistas de equipo o técnicos de mantenimiento eran el centro de las actividades de mantenimiento del equipo. En la fábrica de nivel tres, el foco se traslada al propio personal de producción; el énfasis es enseñar a los operarios del equipo a que eviten las averías de sus proias máquinas.

En este nivel, el equipo se limpia regularmente. Si el operario tiene algún intervalo de tiempo disponible, utilizará este tiempo para dejar al equipo sin mácula. En el día previo a cualquier fiesta, los operarios incluso retocarán la pintura de la máquina.

La pintura y limpieza actúan de por sí como una función de mantenimiento —se hacen aparentes las fugas de aceite, las esquirlas y los residuos del desgaste, y pueden descubrirse problemas mucho antes de que empiecen a afectar a la calidad o al funcionamiento. Se puede decir que los operarios se sienten personalmente propietarios del equipo por el orgullo que muestran en su trabajo y el nivel de limpieza de sus máquinas. Por supuesto, esto no es justamente una calle de una sola dirección —la gerencia ha estimulado y dado a los trabajadores la oportunidad de sentir este orgullo y sentido de propiedad.

Los niveles de lubricación se verifican regularmente. Los trabajadores se aseguran de que la máquina tiene todo el tiempo la cantidad apropiada del tipo correcto de lubricante. Usualmente, puede verse que en un lugar de fácil alcance, hay un bidón de lubricante.

En la fábrica de nivel tres, los trabajadores directos de línea realizan regularmente operaciones tales como los tres puntos del mantenimiento (filtros, calibres de presión, lubricación) y limpian las partes interiores de las máquinas. Los operarios desean evitar errores durante estos y otros procedimientos, de forma que los procedimientos están escritos en una forma simple que puede entenderse de una ojeada y están colocados donde pueden verse fácilmente mientras se opera el equipo.

Acción correctiva para pasar al nivel cuatro

- Organizar un compromiso generalizado para entender plenamente las causas de las averías.

La clave para los cambios de útiles rápidos es la repetitividad. Si opera el proceso *A*, después el proceso *B* y después el proceso *C*, y vuelve al proceso *A*, el éxito o fracaso del programa de cambios de útiles depende de si puede o no retornar a la preparación del proceso *A* sin tener que hacer ajustes. No obstante, no se puede llegar a esta clase de precisión con un equipo desgastado o mantenido pobremente.

Todos los problemas del equipo tienen un serio impacto sobre la calidad, costes y programas de entregas. Algunas personas tienen la impresión de que una vez que se hayan eliminado las tres formas de abuso del equipo, todos los problemas cesarán. Desafortunadamente, aunque la eliminación del abuso del equipo reduce considerablemente la frecuencia de los problemas, hay aún problemas causados por factores tales como el desgaste, los errores de diseño y otros.

Para pasar al nivel cuatro, deben determinarse las causas de todas las averías y el equipo debe modificarse para hacerlo mejor y más fiable que antes.

Puntos importantes e ideas útiles

- Si el equipo se avería no arregle sólo el problema, asegúrese además que la avería no vuelva a ocurrir de nuevo.

NIVEL CUATRO

- Cada miembro de la compañía entiende y comprende el control de la mejora del equipo y la compañía ha empezado a implantar esto en ciertos puntos.

El control de la mejora del equipo es un proceso dinámico, distinto del enfoque pasivo del control del mantenimiento del equipo. El mantenimiento intenta hacer el mínimo para mantener al equipo operando, pero el control de la mejora está implicado en aumentar la eficiencia del equipo para minimizar problemas y elevar la calidad del output. La fábrica de nivel cuatro practica el control de la mejora del equipo.

En el control de la mejora del equipo, los empleados están continuamente preguntando «¿porqué?» Rastrean las raíces de un problema
hasta su origen y entonces hacen mejoras y modificaciones para evitar
que el problema ocurra de nuevo. Esta clase de control positivo,
progresivo mejora las capacidades del equipo hasta un nivel superior
al que tenía cuando se compró nuevo.

La ilustración es aquí un buen ejemplo. En el taller de nivel uno,
alguien puede restablecer las condiciones del disyuntor y trabajar
hasta que el disyuntor se dispare de nuevo. Entonces se restablecen
las condiciones del disyuntor, murmurando sobre las deficiencias del
equipo. En el control del mantenimiento del equipo, el operario o
técnico rastreará las causas del problema hasta el punto donde se ve
que la causa consiste en que. la cámara del filtro se ha llenado con
virutas y esquirlas. Entonces vaciará la cámara del filtro y añadirá a
una lista de mantenimiento programado que la cámara del filtro debe
vaciarse regularmente.

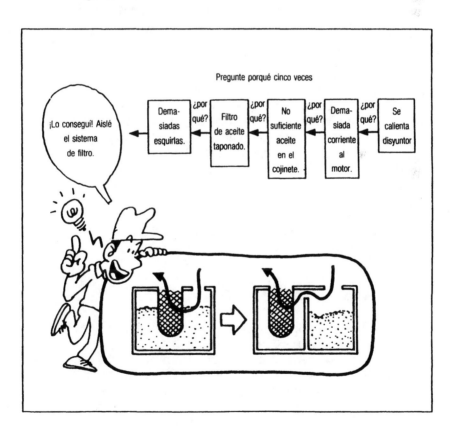

En contraste, un operario que practique el control de la mejora del equipo va más lejos rastreando el problema hasta la cámara del filtro, reconociendo una deficiencia en el diseño del equipo, y haciendo modificaciones para evitar que el problema ocurra de nuevo. En este caso, la mejora es ampliar el cárter del aceite en dos cámaras, con una cámara separada para captar las partículas y evitar que taponen el filtro.

Acción para pasar al nivel cinco

- Utilizar con efectividad áreas de control de mejora del equipo para enseñar al resto de la fábrica.

Como es tan frecuente que sea crucial para el control de la mejora del equipo el «know-how» o la tecnología especializados, los técnicos de mantenimiento preventivo continúan jugando un papel principal. Sin embargo, ese rol es muy diferente del que era en el nivel dos, donde los técnicos conducían el programa y dirigían a los operarios. En el nivel cinco, los operarios son la fuerza motriz. Ellos solicitan a los técnicos que hagan los cambios que requieren mas «expertise» que el que los operarios tienen regularmente.

Los operarios del equipo deben ahora tomar el control total. A través de sus esfuerzos para eliminar las tres formas de abuso del equipo, deben haber desarrollado un profundo orgullo de propiedad del equipo y un nuevo y cuidadoso conocimiento de su estructura y capacidades. Este conocimiento y concienciación serán la palanca instrumental de sus roles de dirección del programa de mejora del equipo.

Debe estimularse a los operarios a aprender más sobre el equipo y para que propongan modificaciones de mejora y asistan a los técnicos de mantenimiento preventivo al hacer dichas modificaciones.

Puntos importantes e ideas útiles

- Organizar que toda la fábrica vea los estimulantes resultados del primer equipo que se mejora.
- Preparar una marca o sello a poner en el equipo que ya ha tenido modificaciones preventivas de forma que todos puedan reconocerlo. Los sellos serán una fuente de orgullo y una semilla para conversaciones sobre el programa de mejora.

NIVEL CINCO

- Toda la fábrica está utilizando el control de mejora del equipo y el control de mantenimiento del equipo.
- La eficiencia del equipo total es superior al 90 por 100.

En la fábrica de nivel cinco, la eficiencia del equipo total es superior al 90 por 100, como resultado de procedimientos apropiados de mantenimiento preventivo. Por ejemplo, asumamos que una cierta pieza de equipo cuando se compró era capaz de procesar diez piezas por hora. Sin embargo, conforme el equipo envejece gradualmente, las correas empiezan a deslizarse —justamente un poco— y los cojinetes a desgastarse. Después de un tiempo, el equipo diseñado para producir diez unidades por hora produce solamente ocho. La capacidad de producción actual (ocho por hora) se ha reducido en un 20 por 100 respecto a la capacidad de producción teórica (diez por hora), de forma que se puede decir que la eficiencia del equipo es del 80 por 100.

Aunque el empleo de ratios, *per se,* puede ser indeseable si con ello se conduce a la sobreproducción, el ratio de tiempo de uso efectivo frente a tiempo de uso planeado es una medida útil y debe incluirse en la ecuación utilizada para calcular la eficiencia del equipo total (véase ilustración). La fábrica de nivel cinco es una planta en la que esta medición está por encima del 90 por 100.

Estado actual		puntos
Meta uno		puntos
Meta dos		puntos

Clave 10

Políticas de tiempo en la planta

En la búsqueda de una calidad de fabricación más elevada y una mayor productividad, la mayoría de las compañías desarrollan muchas políticas estratégicas, directivas e industriales. Puede resultar bastante confuso si no se incluye entre ese paquete de políticas algo que regule específicamente las horas de trabajo y descanso.

El conjunto de políticas referentes a la planta refleja usualmente los deseos de la dirección y mandos intermedios y sus concepciones de la eficiencia y organización. Todas las fábricas, incluso las peores, hacen esfuerzos para perfilar sus políticas sobre las necesidades de fuerza laboral. Como el conjunto de políticas incluye a menudo muchas reglas interrelacionadas, es difícil juzgar la validez de una regla aislada sin contemplarla en el entramado del sistema entero Las políticas referentes al comienzo de la jornada, descansos y períodos de interrupción deben también contemplarse en la perspectiva del sistema, no aisladamente.

En una fábrica, los trabajadores comenzaban visitando la sala de descanso, se enredaban en charlas animadas y dejaban el área de trabajo para asuntos personales durante la jornada laboral. La dirección desaprobó estas prácticas y estableció una política consistente en que los trabajadores no podrían abandonar sus puestos de trabajo excepto durante los descansos de diez minutos para café, fijados a la diez y las quince horas. El nuevo sistema de descanso para tomar café no trabajó bien; a los trabajadores les gustó el sistema al principio, pero pronto empezaron a dejar sus puestos de trabajo para el descanso del café antes de las diez, y no reaparecían hasta después de las diez y diez. Poco después empezaron a quejarse de que diez minutos era un intervalo demasiado corto, que quince minutos era mucho más apropiado. La dirección percibió que las cosas no eran mejores que antes de instaurar la política de descansos para el café.

La práctica demostró que la solución no sería tan simple como ajustar la longitud de los descansos, porque esto daba lugar a que surgiesen incluso más problemas. El éxito o fracaso de ésta o cualquier otra política está determinado mayormente por el grado de bondad de su ajuste en el entramado de todas las demás políticas que existan en la organización.

Esta clave es una de las más difíciles de implantar, porque trata con actitudes tanto como con políticas. Las emociones generadas por la implantación con éxito de las otras claves hará posible implantar también ésta.

NIVEL UNO

- Se ha dejado a la discreción de los trabajadores los tiempos de trabajo y descanso.

En cierta ocasión llegué a una fábrica durante el descanso para el almuerzo. Incluso antes de la una de la tarde (en Japón, esta es la hora en que tradicionalmente termina el descanso del almuerzo), podía escuchar el ruido de las herramientas de los trabajadores, ya aplicados a su trabajo. Alrededor de las tres de la tarde el trabajo paró y cada uno se encaminó a las duchas para lavarse y marcharse a casa.

Hablé con el presidente de la compañía, preguntándole sobre el programa de horario de trabajo. Me dijo: «Bien, realmente las horas deben ser ocho y cuarto, pero actualmente cada uno trabaja las horas que cree son las más convenientes. No estoy seguro en que momento empiezan por la mañana, pero cuando llego aquí a las siete y media ya están trabajando duro.»

Esta fábrica no tenía sirena o campana que indicase el comienzo o terminación del trabajo, y aunque había regulaciones sobre la jornada laboral, se ignoraban. Esta es una fábrica de nivel uno.

Cuando los trabajadores no tienen sentido del tiempo, es difícil hacer mejoras. Es importante que los trabajadores adquieran el hábito de seguir reglas, incluyendo las que pertenecen a las horas de trabajo.

Acción correctiva para pasar al nivel dos

- Tener alguna clase de comienzo oficial del día tal como una reunión matinal.

Para conseguir que el día arranque con buen pié, es a menudo eficaz que se reúnan todos los trabajadores de una sección o departamento para anunciar los temas importantes del día y tener, literalmente, un despertar feliz. Esta idea puede parecer superlativamente simple, e incluso loca, al lector occidental, pero los resultados pueden ser sorprendentes. Incluso una muestra discretamente reservada de unidad en la mañana parece tener un profundo efecto en la atmósfera para el resto del día. Los retrasos (y su inherente efecto adverso en la motivación del empleado para el resto del día) se reducen considerablemente cuando un trabajador tiene que entrar a la mitad de una reunión.

También es útil alguna clase de reunión breve después del almuerzo, y aunque es probablemente de menor importancia, alguna actividad de grupo para indicar el tiempo de descanso puede también ayudar a ordenar las cosas. Puede haber oposición al principio por algunos de los empleados más cínicos. Hablar con ellos privadamente y pedirles su ayuda para crear entusiasmo y evitar los sabotajes verbales. Después de un tiempo, el hábito enraizará y las reuniones matinales empezarán a tener el efecto deseado.

Se conoce a las compañías japonesas por su calistenia musical que tiene lugar cada mañana justamente antes de empezar el trabajo. El

programa de calistenia es popular en las compañías japonesas porque no solamente ayuda a mantener saludables a los empleados e incrementa la seguridad (ayudándoles a despejar las telarañas matinales) sino también porque significa el comienzo oficial del día.

Puntos importantes e ideas útiles

- Las reuniones matinales deben ser breves —nunca más de tres o cuatro minutos— o en caso contrario tendrá efectos adversos sobre la motivación.
- Para hacer que las reuniones sean cortas, organizarlas en sitios que no tengan asientos, o tener la costumbre formal de permanecer de pie durante las reuniones.
- Organizar las reuniones matinales en pequeños grupos y cerca del lugar donde trabajan los participantes.
- Una sirena o campana al comienzo de la mañana y la tarde, ayuda a las personas a tener conciencia de los horarios de trabajo. El sonido de la sirena matinal puede ser la señal para la reunión.
- Los ejercicios matinales no son algo tan descabellado como parecen a primera vista.

NIVEL DOS

- Algunas personas son reacias a los ejercicios o reuniones matinales.

En la fábrica de nivel dos, a pesar de la sirena o la reunión matinal que señalan claramente el comienzo del día de trabajo, algunas personas llegan tarde y perdiendo el aliento por andar de prisa. Incluso antes de que suene la sirena de mediodía, algunas personas se alinean esperando para entrar en la cafetería o paran sus máquinas y dejan el lugar de trabajo.

En esta clase de fábrica, toda la fuerza de trabajo desafortunadamente tiende a seguir a estos transgresores del horario. Si algunas personas llegan habitualmente tarde, el resto de los empleados los ve y tiene inclinaciones a desarrollar los mismos hábitos. Si algunas personas «cierran la tienda» pronto, los otros trabajadores empiezan a sentir que lo que está *okay* para algunos, entonces es *okay* para todos. La situación tiende a degenerar progresivamente a menos que se tomen medidas al respecto. Las fábricas generalmente no permanecen en el nivel dos por mucho tiempo; o progresan rápidamente al nivel tres o regresan al nivel uno.

En la fábrica de nivel dos, el personal tiende a lavarse y cambiar su vestimenta con diez minutos de anticipación de forma que puedan dejar la planta antes de que termine de tocar la sirena. En este nivel, las luces de la fábrica se apagan y las puertas se cierran justamente después de empezar el tiempo de descanso, una actividad que estimula a los empleados a parar pronto el trabajo para estar listos y volver a sus casas.

Acción correctiva para pasar el nivel tres

- Preparar la acción de gestión de los tiempos diarios de trabajo a través de reuniones de los mandos intermedios y líderes de grupos de trabajo.

Las fábricas que han estado al nivel dos pero que sufren una regresión durante largo tiempo tienden a formar malos hábitos. Romper estos hábitos y pasar al nivel tres es a menudo una tarea formidable.

Asumamos que un director en particular decide mejorar la adherencia de su departamento a las regulaciones horarias y da a sus segundos órdenes estrictas para reforzar las reglas. Un contramaestre puede decir a sus equipos que trabajen hasta que suene la sirena de mediodía. Pero cuando el contramaestre no está allí, los trabajadores no querrán dejar que otros grupos, que hacen cola ante la cafetería, se les anticipen y tratarán incluso de adelantarse a los otros si es posible. Mejorar la adherencia a las regulaciones de tiempo es un asunto difícil para un grupo aislado.

Por supuesto, la solución al dilema es el énfasis general en la fábrica sobre la adherencia a las regulaciones de tiempo. Todos los mandos deben reunirse para examinar los tiempos de comienzo, descanso y almuerzo. Las mejoras deben hacerse al mismo ritmo en toda la fábrica.

Puntos importantes e ideas útiles

- La adherencia a las regulaciones de tiempo debe hacerse a través de una campaña generalizada y simultánea.
- Aconsejar y persuadir educadamente a los retrasados habituales y los que cesan anticipadamente su trabajo para que sigan las regulaciones.

NIVEL TRES

- Después de terminar las reuniones matinales, cada uno marcha directamente a su puesto.

En la fábrica de nivel tres, se han resuelto los problemas de las personas que llegan tarde a las reuniones matinales, dejan de trabajar anticipadamente al final del horario de trabajo y amplian el horario del almuerzo. Cuando han terminado las reuniones matinales, los trabajadores marchan directamente a las estaciones de trabajo.

Desafortunadamente, los trabajadores no suelen tener prisa en ponerse la vestimenta de trabajo, y se despilfarra tiempo. Incluso en los sitios en que no se necesita vestimenta de trabajo especial, los trabajadores comienzan por limpiar el equipo, ordenan las herramientas y organizan el programa del día. Mientras estas actividades no son por supuesto dañinas, a menudo toman de lejos más tiempo del necesario. Estas actividades de organización y limpieza deben hacerse después de que la sirena suena por la tarde antes de marcharse a casa. Puede llegar a descubrirse que las máquinas que requieren diez minutos para limpiarse por la mañana, a menudo precisan solamente dos minutos de limpieza cuando ésta se hace justamente antes de irse a casa por la tarde.

Estas actividades matinales consumidoras de tiempo solamente sirven para mostrar que el deseo de aumentar la productividad no ha penetrado aún en todos los miembros de la compañía.

Acción correctiva para pasar al nivel cuatro

- Estimular a los trabajadores a que preparen el día siguiente antes de marchar a su casa por la tarde.

Primero, es importante que los mandos de la fábrica señalen claramente el trabajo que hay que hacer con un día de anticipación. Esto no significa que deba fijarse el mix de productos, pero los trabajos generales de la planta deben comprenderse de forma que pueda montarse el primero de cada uno la tarde anterior.

Algunos contramaestres dan instrucciones verbales a los trabajadores, les pasan notas con instrucciones, o incluso asumen que saben cuál será el trabajo del día siguiente. Esta clase de sistema no parece tener el mismo impacto sobre la eficiencia que colocar las asignaciones de trabajo sobre un panel o tablón público. La exhibición sobre paneles de las asignaciones de trabajo no solamente permite que el trabajador atienda claramente el trabajo, sino que también fuerza a los mandos a ser claros en la exposición de su pensamiento. Otros trabajadores que pasan por el área también ven el panel, lo que les informa de lo que está ocurriendo en esa estación y les ayuda a tomar conciencia del flujo de toda la fábrica. La colocación en paneles de las asignaciones de trabajo de todos, generalmente, infunde en los trabajadores que realizan las tareas alguna motivación añadida para lograr que se terminen los trabajos, y sientan un orgullo adicional.

Cuando el trabajo de mañana se muestra junto con el de hoy, entonces los trabajadores podrán ir planificando el trabajo del día siguiente conforme ejecutan el de hoy. Con cierto estímulo, empezarán a preparar las herramientas, materiales y planes para mañana antes de irse a casa por la tarde.

Puntos importantes e ideas útiles

- Colocar sobre paneles las asignaciones de trabajo de hoy y de mañana, en las estaciones de trabajo.

NIVEL CUATRO

- Cuando suena la sirena, los trabajadores tienen ya puesta su vestimenta de trabajo y están juntos para la reunión matinal.

En la fábrica de nivel cuatro, los trabajadores están ya todos reunidos para el mitin matinal antes de que suene la sirena. Están ya vestidos con la ropa de trabajo y deseosos de empezar. Las estaciones de trabajo están justamente esperando que comience el trabajo; todas las preparaciones se han completado el día anterior, antes de que los trabajadores marchasen a sus casas.

Antes de que una fábrica pueda alcanzar un nivel cuatro en políticas de tiempo de trabajo, debe haber avanzado lo suficiente en la clave 7 (Fabricación con supervisión cero) lo que permite que el equipo opere en autopilotaje por un ciclo durante los almuerzos y después de la terminación del horario de trabajo. De otra forma, si, por ejemplo, una máquina que tiene un ciclo de tiempo de treinta minutos recibe trabajo a procesar veinte minutos antes de la terminación de la jornada de trabajo, el operario (que maneja solamente una pieza de equipo) tendría que permanecer inactivo durante esos 20 minutos, o irse a su casa antes, o empezar la operación y salir más tarde. Las tres situaciones son despilfarradoras o desestimulan la adherencia a las regulaciones de tiempo.

Acción correctiva para pasar al nivel cinco

- Eliminar todas las formas de trabajo que causan fatiga física conduciendo al despilfarro.

Para alcanzar el nivel cinco, el trabajo debe fluir regularmente todo el tiempo. Esto significa que la fábrica debe eliminar toda labor física dura que requiera que los trabajadores tengan que tomar descanso para recuperar el aliento. Los grupos SGA o las personas individuales pueden utilizar el sistema de propuestas de mejora para eliminar estas formas de labor dura. Una vez que se ha hecho esto, el trabajo puede conseguir un cierto ritmo y será más factible que fluya rápida, fácil y placenteramente.

En este punto, llegará a ser posible (e importante) que los trabajadores desarrollen el hábito de no parar para descansar a menos que sea un tiempo de descanso designado. Por supuesto, será casi imposible alcanzar el nivel ideal cinco trabajando en esta clave exclusivamente; alcanzar el nivel cinco requiere la sinergia de las 20 claves completas.

Puntos importante e ideas útiles

* Los trabajadores deben tomar descanso solamente durante los tiempos de descanso programados.
* Antes de intentar alcanzar el nivel cinco, hay que llevar también las otras 19 claves a un estado avanzado.

NIVEL CINCO

* Cuando suena la sirena en la mañana, los trabajadores ya están en su sitio.
* La ordenación final y la preparación para mañana se hacen después que suena la sirena del final de la jornada.

La fábrica de nivel cinco sigue un programa estricto; los trabajadores empiezan en el tiempo fijado, asegurando los intereses de la compañía, pero dejan su trabajo en el horario fijado, de forma que la compañía no les priva de su tiempo personal. Por ejemplo, en una línea de ensamble, la cinta transportadora empieza a moverse por la mañana cuando toca la sirena. Se para al tocar la sirena del final de la jornada laboral. Después de parar, los trabajadores completan rápidamente cualesquiera preparaciones necesarias para el día siguiente y se van a su casa; por la mañana todos están listos. Las áreas de mecanización y prensas tienen la misma actitud de eficiencia elevada que las demás líneas de proceso y ensamble. Cada uno hace las preparaciones precisas para empezar por la mañana exactamente en el punto en que se dejó el trabajo la tarde anterior, sin que se necesite tiempo para readaptarse al trabajo.

Estado actual		puntos
Meta uno		puntos
Meta dos		puntos

Clave 11

Sistema de aseguramiento de la calidad

Se dice a menudo que el sistema de aseguramiento de la calidad es uno de los factores más importantes en la operación de una empresa de fabricación con éxito, porque tiene una influencia directa en la mayoría de los objetivos estructurales de la dirección.

Deben mejorarse muchas áreas para alcanzar una mejora general en el sistema de aseguramiento de la calidad. Estas áreas incluyen reducir los fallos de los equipos, mejorar los métodos de cambios de útiles, movilizar los grupos SGA, y construir la estructura de un sistema formal de propuestas de mejora. El sistema PPORF mejora todas estas áreas, y es por tanto un gran activo para cualquier programa diseñado para mejorar el sistema de aseguramiento de la calidad.

Históricamente, se han enfatizado las inspecciones como medio para asegurar la calidad de los artículos, siguiendo la filosofía denominada a menudo «calidad mediante tests» o «calidad mediante inspecciones». Desafortunadamente, no importa lo bien que hagan los inspectores su trabajo, las meras inspeciones nunca reducirán la cantidad de material defectuoso producido. También se ha hecho la observación inversa: el aumento en el énfasis en las inspecciones reduce realmente el énfasis en la calidad de la fabricación lo que a su vez conduce a un incremento en la fabricación de artículos defectuosos.

Deben tratarse diversos asuntos para crear un programa eficaz de aseguramiento de la calidad. Conforme se alcanza la maestría en estos temas, la fábrica se irá transformando desde ser una planta donde la calidad se asegura mediante la selección y separación de los artículos malos de los buenos —calidad mediante tests— a ser una planta donde la calidad se asegura no produciendo desde el principio artículos defectuosos —fabricando calidad.

Cuando se intentan definir niveles de calidad, a menudo se habla de tasas de defectos. Sin embargo, los números proporcionales pueden ser engañosos, pues a menudo se refieren solamente a defectos fatales que causan que el producto se deseche; a menudo no se incluye en el informe estadístico los trabajos rehechos y los defectos menores que se reparan por alguien en la estación de proceso siguiente.

NIVEL UNO

- El aseguramiento de la calidad es responsabilidad de inspectores y verificadores.

Muchas fábricas de todo el mundo creen aún que la producción es el todo. En tanto que los niveles de producción permanecen elevados, la calidad de la fabricación no es demasiado importante —después de todo, el trabajo de los inspectores es asegurar que los clientes reciben piezas buenas. Estas fábricas tienen un sistema de aseguramiento de la calidad de nivel uno.

En estas fábricas, se evalúa a los trabajadores individuales estrictamente según los niveles de productividad personal, que se miden solamente en términos del número de unidades producidas. Que las unidades producidas sean aceptables o defectuosas no influencia la evaluación del departamento de producción. En la fábrica de nivel uno, actividades como la investigación de las causas de los defectos de los productos se consideran como excesivamente consumidoras de tiempo o molestas cuando hay aún producción por hacer. Los operarios de los equipos soslayan el asunto, diciendo, «Somos solamente operadores del equipo —¡no hay nada que *nosotros* podamos hacer para cambiar las tasas de defectos!»

En estas compañías de nivel uno, cuando las tasas de defectos detectados en la inspección final resultan inaceptablemente altas, las causas se investigan y se diseñan y comienzan planes de acción correctiva. Desafortunadamente, estos planes de acción correctiva están bajo la jurisdicción de los ingenieros o directivos de alto nivel. Estas personas a menudo están demasiado separadas de las propias áreas de producción, con poco o nulo impacto en las operaciones actuales o en los niveles de defectos.

Acción correctiva para pasar al nivel dos

- Infundir una actitud en toda la fábrica referente a que el proceso siguiente es el cliente.
- No enviar cualquier pieza o producto defectuosos al proceso siguiente.

La mayoría de los trabajadores de producción cree que lo que hacen será utilizado por algún otro, y trabajan duro para mejorar su productividad personal haciendo tantos productos como pueden. Sin embargo, para manejar la evaluación de la planta en esta clave hasta el nivel dos, debe informarse a los operarios que producen las piezas cada vez que aparece un defecto. Las evaluaciones del nivel de producción deben hacerse sobre la base del número total de piezas *buenas* producidas, deduciendo el número de defectos del número total de piezas fabricadas.

En la estación final de recocido de una fundición, los productos defectuosos se apilaban en un lugar específico. Los defectos de superficie se marcaban circulándolos con tiza con una nota que bromeaba respecto a los problemas de la piel. Cada mañana, el operario de la estación previa tenía que revisar el material defectuoso procedente del día anterior, y marcaba en la nota que había revisado el material defectuoso. Este es justamente uno de los modos con los que esta planta estimulaba la comunicación.

Puntos importantes e ideas útiles

- Cuando evalúe la productividad del trabajador, deduzca el número de productos malos del número total de unidades producidas.

NIVEL DOS

- Los trabajadores realizan inspecciones de su propia producción.

La fábrica de nivel dos entiende que se necesita fabricar la calidad y que la persona que hace un producto debe ser responsable de la calidad del mismo. Consiguientemente, los trabajadores mismos realizan todas las inspecciones necesarias sobre las piezas que producen antes de transferirlas a la estación siguiente.

Desafortunadamente, la dirección tiende a forzar las autoinspecciones de los trabajadores para reducir gastos eliminando a los inspecto-

res. En estos casos, a menudo los trabajadores no tienen la formación adecuada respecto a las razones para inspeccionar. Son aptos para inspeccionar sus piezas y decirse a sí mismos, «Esta está bien, pienso...» y enviarla a la estación siguiente.

Cuando una compañía de nivel dos encuentra defectos en la inspección final, generalmente el inspector no sabe quién o qué proceso es responsable, y no se hace nada. Incluso si el inspector llega a identificar al responsable, puede solamente decir, «¡Eh!, tenga más cuidado», sin tomar ninguna acción para evitar la recurrencia.

Acción correctiva para pasar al nivel tres

- No encomiende solamente las inspecciones a los trabajadores; además, asegure que tienen el suficiente apoyo de directivos, mandos intermedios y supervisores.

Es natural que las personas sean más blandas consigo mismas de lo que son para los demás. Esta tendencia se muestra también en las fábricas. Como implicación de lo señalado en la última sección, las personas tienden a ser condescendientes consigo mismas cuando inspeccionan su propio trabajo. Esto es especialmente verdad en las inspecciones subjetivas, en las que el operario tiene que hacer un juicio del tipo «pasa/no pasa» más bien que apoyarse en un número previsto por un equipo de medida.

Si la dirección fuerza las auto-inspecciones de los operarios sin darles el apoyo apropiado, entonces lo que se tiene no puede realmente denominarse un sistema de auto-inspección; bajo estas condiciones las auto-inspecciones no trabajan bien. La dirección debe juzgar su propio papel en el sistema de auto-inspección. Para asegurar consistencia, la dirección debe:

- Editar y mostrar en paneles, estándares de aceptación o criterios claramente definidos.
- Fabricar muestras de materiales aceptables y defectuosos para las inspecciones mediante juicio.
- Construir calibres especializados de «paso o fallo» siempre que sea posible de forma que sean imposibles los errores de criterio.
- Conducir inspecciones regulares periódicas y calibraciones del equipo de medida.

Si la dirección da al personal de fabricación este tipo de apoyo completo y detallado, entonces los operarios serán capaces de inspec-

cionar su propio producto con el mismo nivel de precisión que pueda alcanzar el staff de inspección.

Puntos importantes e ideas útiles

- Utilizar estándares escritos o registrados y ejemplos «pasa o falla».

NIVEL TRES

- Se hacen estadísticas de material defectuoso.
- Se organizan reuniones efectivas para acción correctiva.

Cuando las compañías basan su acción correctiva en estadísticas tomadas de las inspeccionadas finales, los resultados son generalmente menos que satisfactorios. Aunque las fábricas de niveles uno y dos puedan tener estadísticas de tasas de defectos, a menudo estas estadísticas son de difícil uso como base para una acción correctiva eficaz.

En la fábrica de nivel tres, están bien implantados los cuatro puntos de la acción correctiva (estándares, muestras para inspecciones subjetivas, calibres «pasa o falla», e inspecciones periódicas de los útiles de medición y calibraciones). Todas las estaciones de trabajo utilizan estos instrumentos para realizar auto-inspecciones, y se hacen estadísticas válidas. En la fábrica de nivel tres, estas estadísticas específicas por estaciones son la base para formular planes de acción correctiva verdaderamente eficaces para reducir los niveles de defectos.

En este nivel, las acciones correctivas no son necesariamente elegantes o elaboradas. Por ejemplo, en el caso de las inspecciones subjetivas, la acción correctiva simple es que el operario preste una atención más estrecha a los ejemplos ofrecidos e intentar trabajar dentro de los nuevos estándares definidos.

Acción correctiva para pasar al nivel cuatro

- Crear planes de acción correctiva que eliminen absolutamente los defectos.

Como hemos aludido en la clave 7 (Fabricación con supervisión cero), visitamos en cierta ocasión una fábrica en la que los operarios tenían la instrucción de parar las máquinas cada vez que empezaban a producir material defectuoso —una política que exigía que los operarios monotorizasen constantemente su equipo. Como la máquina paraba solamente después de que empezase a aparecer material malo, se producían artículos defectuosos precisamente hasta que el operario paraba la máquina, con el resultado de desechos. Como la fábrica aceptaba este sistema de prevención de defectos, el mismo continuó durante muchos años.

Finalmente, alguien cuestionó la vieja política y empezó a preguntarse porqué se hacían las cosas de este modo. Aparte de la ignorancia o la dejadez no había razón para que el personal parase las máquinas en vez de identificar la causa raíz del problema. Se creó una nueva política: las máquinas se prepararían de forma que en primer lugar no deberían averiarse, eliminando por tanto el material malo producido con el viejo sistema y las horas desperdiciadas de los operarios permaneciendo al pié de las máquinas en espera de problemas.

Para pasar al nivel cuatro, es esencial desenraizar y eliminar las causas de los defectos. Para hacer esto, emplear las siete herramientas del control de calidad para determinar la causa de los defectos y cómo poner las cosas en orden. Estas herramientas están fuera del perfil de este libro, pero recomiendo encarecidamente que estudie algún texto dedicado a dichas siete herramientas antes de proceder.

Puntos importantes e ideas útiles

- Cuando hay un defecto, rastrear la causa hasta su raíz y eliminarla.

NIVEL CUATRO

- Se ha puesto en marcha un sistema de inspección de dos puntos.
- La fábrica entera conoce lo básico del *poka-yoke* (a prueba de errores) y lo está implementando.

El sistema de inspección de dos puntos significa que el operario del proceso siguiente hace un rápido doble chequeo del producto antes de utilizarlo. Si un producto malo pasa alguna vez sin advertirlo a través de la auto-inspección hecha en el proceso previo, entonces el operario que hace el segundo chequeo inmediatamente lo devolverá al proceso previo y el operario de éste arreglará el problema directamente. Este sistema de retroacción instantánea permite al operario conocer los errores, tomar acción correctiva, y mejorar las técnicas de inspección.

El sistema de inspección de dos puntos consume tiempo y recursos y, por tanto, debe utilizarse solamente en las piezas críticas (con elevadas consecuencias) producidas en volúmenes bajos. Siempre que sea posible, instalar un sistema en el que la inspección en dos puntos suceda automáticamente como parte del proceso en la estación siguiente.

El sistema *poka-yoke* (bien definido en otros textos) consiste en adaptar ciertos mecanismos a un proceso que exige una gran cantidad de estrecha atención, transformándolo de forma que no produzca defectos incluso aunque los operarios ocasionalmente se descuiden. El *poka-yoke* se divide en dos tipos: métodos de control, que aseguran que las cosas se hacen correctamente parando las máquinas si se

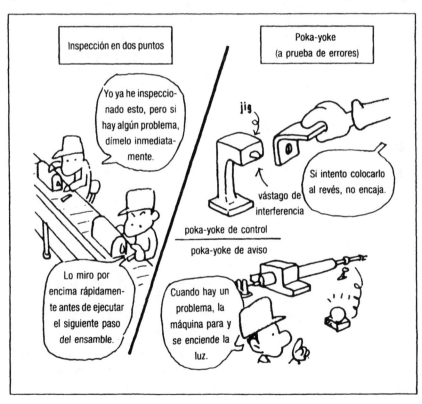

producen anomalías, y métodos de aviso, que aseguran que los operarios advierten los problemas de la operación cuando ocurren.

Acción correctiva para pasar al nivel cinco

- Utilizar un sistema de inspección de dos puntos y *poka-yokes* en todos los sistemas, incluyendo la producción en masa y la producción de alta variedad y bajo volumen.

Muchas personas piensan que los defectos que no terminan en desechos son aceptables porque pueden repararse. Este es un punto de vista simple. Los trabajos rehechos ralentizan la producción, aumentan el stock, y consumen recursos. Es importante eliminar la necesidad de rehacer trabajos actuando con retroacciones instantáneas con el sistema de inspección en dos puntos y eliminando activamente los errores a través del sistema *poka-yoke*.

Los operarios, grupos SGA, directores, e ingenieros deben encontrar modos de simplificar las inspecciones hechas en las estaciones siguientes preservando el valor de estas inspecciones mientras se minimiza el trabajo involucrado. Cuando se localice algún problema en la línea de producción, incorporar inspecciones simples y rápidas que impidan que las piezas defectuosas pasen de nuevo hacia adelante mientras se desarrollan métodos *poka-yoke* para evitar la recurrencia del problema.

Puntos importantes e ideas útiles

- La fábrica debe olvidarse de las tasas de desechos, y, en vez de ello, medir y concentrarse en las desviaciones respecto al proceso normal para eliminar los trabajos rehechos, el desecho, los ajustes, etc.

NIVEL CINCO

- A través de toda la fábrica están activos los sistemas *poka-yoke* y otros para evitar defectos.
- La tasa de anomalías (incluyendo desechos, trabajos rehechos, ajustes especiales) es inferior al 0,1 por 100.

Generalmente, se pueden encontrar en cualquier fábrica informes de tasas de defectos en las estadísticas de fabricación. Estas tasas de defectos se calculan usualmente como la proporción, en un período de tiempo, entre los desechos y el producto completado. En la fábrica de nivel cinco, el cálculo se hace de un modo menos tradicional.

Se emplean las *tasas de anomalías* en vez de las tasas de defectos. Las tasas de anomalías son la proporción del número de veces que los productos soportan alguna clase de proceso especial (incluyendo trabajos rehechos, desechos, etc.) y el número de unidades completadas en un período dado. Es posible que la tasa de anomalías sea superior al 100 por 100 cuando el producto medio se rehace más de una vez.

En la fábrica de nivel cinco:

- La mayoría de las máquinas tiene alguna clase de mecanismo *poka-yoke* para evitar la producción de material malo.
- Los problemas del equipo se han solucionado eliminando sus causas (véase clave 9).
- La calidad de las primeras materias se asegura a través de la clave 12.
- Se utilizan los métodos de control de calidad estadísticos.
- La inspección final se hace automáticamente, y la tasa de anomalías es inferior al 0,1 por 100, a pesar de una estricta inspección final.

Estos factores contribuyen en su conjunto a la casi eliminación de las quejas de los clientes, que es el objetivo final de la fábrica de nivel cinco.

Estado actual	_____ puntos
Meta uno	_____ puntos
Meta dos	_____ puntos

Clave 12

Desarrollo
de los proveedores

Es casi imposible para una compañía aislada manejar el proceso entero de fabricación que transforma los recursos naturales en productos finales. Debe encontrarse el balance correcto entre la producción interna y las compras al exterior para asignar los recursos con una eficiencia óptima.

En Japón, hay un adagio, «el suministrador no es sino un espejo de la empresa». Si observa al suministrador de una compañía industrial, puede aprender mucho sobre el fabricante mismo. El suministrador y la cooperación suministrador/fábrica tienen un gran impacto en la calidad de los fabricantes, los programas de entregas, y los costes.

Varía la cantidad de ayuda que una compañía debe dar a sus suministradores para que desarrollen su calidad de fabricación. Algunas personas creen que una relación con un proveedor no debe ser nada más que un acuerdo o contrato de compra/venta. Otros piensan que es responsabilidad del comprador dar asistencia técnica al suministrador para elevar el nivel de tecnología de su fábrica.

A través de la educación en VA (análisis de valores) y en VE (ingeniería de valores), la fábrica puede enseñar a sus proveedores sobre sus propios procesos y su producto final. Ambas partes pueden trabajar juntas para reducir los costes. La fábrica compradora puede enviar representantes a la fábrica suministradora para ayudar a reforzar las calidades básicas del suministrador. Esto no solamente ayudará al suministrador a rendir bien en esta era de alta competencia, sino que también proveerá al comprador con artículos de elevada calidad, y bajo coste, que satisfagan sus necesidades y se entreguen en plazo.

Para el bien de ambas fábricas, el comprador debe desarrollar una relación cooperativa con el suministrador de forma que puedan reforzarse entre sí y desarrollar el perfil competitivo que puede aportarles el programa PPORF.

NIVEL UNO

- Las relaciones con sus proveedores se limitan a la compra, la inspección de las piezas recibidas, y las discusiones de precios.

En muchas compañías, siempre que se reciben piezas de un suministrador, el inspector de recepciones pronto está el teléfono, gritando: «¡Estas piezas son una basura! ¡Son malas cada una de ellas!» En respuesta, el suministrador condesciende y solicita tolerancia —pero no recibe una información definida sobre lo que el comprador necesita mejorar. Esta clase de compañía es de nivel uno.

Cuando el suministrador entrega material defectuoso, a menudo suministrador y comprador son igualmente culpables. En muchos casos, los planos, diseños o instrucciones de fabricación entregados por el comprador son inadecuados. Una comunicación pobre entre proveedor y comprador significa que el suministrador debe recurrir a menudo a conjeturas más o menos hábiles o asunciones sobre el significado real de los planos del comprador. Cuando se entregan las piezas, a menudo éstas no son lo que el comprador tenía en mente. El comprador devuelve enfadado las piezas (sin mucho esfuerzo para resolver los eventos que condujeron al problema) y exige otras nuevas. Cuando llega el momento de utilizar las piezas, se para el flujo de fabricación porque la nueva entrega no ha llegado aún.

Mientras esto ocurre en la planta, los negociadores del comprador presionan al proveedor para reducir los costes, amenazándole con cortar las compras en cualquier momento a menos que el suministrador satisfaga significativamente las nuevas demandas de precio, entrega y calidad. A menudo, los negociadores actúan como si no percibiesen que existen límites para las reducciones de precios —que una demanda para cortar los precios por debajo de una cierta cantidad razonable forzará al suministrador a reducir sus estándares de fabricación. Sin la seguridad de que el comprador continuará patrocinando al proveedor, éste estará remiso a hacer inversiones a largo plazo que reduzcan la estructura actual de costes y eleven la calidad. La estrategia de negociación del comprador conduce por tanto a piezas de peor calidad y a que el proveedor no mejore.

Acción correctiva para pasar al nivel dos

- El comprador y el suministrador necesitan asumir que cada una de las fábricas es una extensión de la otra.

El director de fábrica de la compañía B dice: «He tenido que parar la producción porque no están aún aquí algunos componentes vitales —¿qué voy a hacer? Todos los suministradores fallan.» Mientras tanto, el director industrial de la fábrica suministradora dice: «Se han retrasado las piezas de la compañía B, pero después de todo, ¿qué es lo que esperan? Las piezas son de fabricación sumamente difícil y no nos dan ningún apoyo.»

A menudo, el problema de los retrasos o de la calidad pobre es algo más que un simple lapso de comunicación. El suministrador y el comprador están demasiado ocupados echando pestes el uno del otro por los problemas de suministro, para imaginarse lo que ellos mismos podrían hacer para mejorar el sistema de suministros, la producción no será nunca capaz de proceder regularmente.

Como a menudo se deja en la oscuridad al suministrador sin darle explicaciones, información técnica, comunicación, etc., será mucho más duro para éste funcionar eficientemente que a las divisiones de fabricación internas de la compañía que tiene pleno soporte corporativo.

El primer paso en la normalización de las relaciones con los suministradores es tratarles como una extensión de su propia fábrica. Darles la información que necesitan para producir buenas piezas, y permitirles que hagan suficiente beneficio como para mantener una operación y una buena voluntad inter-corporativa.

Puntos importantes e ideas útiles

- Tratar al proveedor externo como si fuese una división interna.
- Dar instrucciones al proveedor externo como lo hace a una división interna.

NIVEL DOS

- Se da apoyo técnico que se solicite para cualquier componente subcontratado.

La compañía de nivel dos aconseja técnicamente y ofrece liderazgo a los proveedores cuando lo necesitan. El grupo de inspección de recepciones o el de ingeniería de proceso del suministrador es oficialmente responsable de suplir asistencia técnica a los proveedores.

Si el proveedor tiene alguna cuestión sobre un pedido particular, sabe cuál es la división a contactar. Los ingenieros de proceso o diseño pueden hablar con los proveedores sobre los pedidos y darle sugerencias sobre cómo hacer más eficientemente las piezas. Por otra parte, el suministrador puede percibir que un pequeño ajuste en el diseño (por ejemplo, hacer un orificio redondo en vez de cuadrado) puede hacer ahorros significativos en los costes de fabricación. Con un sistema formal de apoyo técnico al proveedor, estas sugerencias pueden hacerse.

Si Vd. como comprador demuestra un sincero interés en las operaciones de los proveedores —un interés que va más allá de intentar justificar porqué deben reducir sus precios más— entonces pueden mejorarse las relaciones entre las compañías para estabilizar la calidad y crear estructuras de costes/precios mutuamente beneficiosas. La fábrica que está en camino de tener esta clase de relaciones con sus proveedores se considera una fábrica de nivel dos.

Acción correctiva para pasar al nivel tres

- Cooperar con los proveedores para formar grupos de estudio de VA (análisis de valores) y VE (ingeniería de valores) en la planta del proveedor.
- Estimular la participación de los proveedores en su sistema de propuestas de mejora.

Un modo de asegurar una rápida mejora de las plantas de los suministradores es organizar sesiones de estudio conjunto de VA y VE con trabajadores, directivos e ingenieros de las plantas de los suministradores. Nuestra experiencia demuestra que, a menudo, el suministrador no tiene una verdadera comprensión de cómo funciona el producto final, con lo que se introduce la posibilidad de incluir pasos de fabricación innecesarios o de baja eficiencia, que sesiones conjuntas de estudio pueden ayudar a eliminar.

Una vez que el comprador ha explicado completamente la función del producto final y proporcionado alguna educación VA/VE, entonces debe explicar cómo puede participar el suministrador en el sistema de propuestas de mejora. Para asegurar su propio bienstar, el proveedor generalmente hará muchas propuestas para mejorar el diseño del componente que produce; propuestas que pueden resultar en costes menores, entregas más rápidas y calidad más elevada.

Puntos importantes e ideas útiles

- Enseñe al suministrador como utilizar los Impresos de Mejora de Operaciones (clave 6) y las técnicas IE.
- Organice un sistema para recibir y manejar las sugerencías de mejora de los suministradores.
- Haga saber a los proveedores que está trabajando para el beneficio mutuo en su programa de relaciones con los proveedores.
- Que aunque está interesado y comprometido con su mejora, no está intentando controlar su operación.

NIVEL TRES

- Ofrezca apoyo de ingeniería industrial para cada línea de los suministradores.

En esta era de crecimiento bajo, la competencia es fiera en todos los mercados. Aunque son imperativos los programas internos para reducir los costes, acortar los plazos de fabricación y elevar la calidad, todo esto no es suficiente para mantener una posición viable en el entorno de negocios actual. No puede optimizar el coste y la calidad de su producto acabado sin mejorar la calidad y las estructuras de coste de sus proveedores.

Hemos dejado atrás la era en la que las mejoras en las operaciones con proveedores eran meramente una cuestión de negociación. La situación actual exige una plena cooperación técnica entre proveedor y comprador. Es muy importante para los grandes compradores enviar a sus propios ingenieros a ayudar a los pequeños suministradores a reducir el número de pasos de procesos y reducir otros costes a través de los métodos IE (ingeniería industrial).

Una fábrica involucrada en esta clase de actividades de ingeniería cooperativa, es una fábrica de nivel tres. Una fábrica de nivel dos responde a las cuestiones y problemas de sus suministradores. Una fábrica de nivel tres va más allá y toma un papel activo en la resolución de problemas, visita las plantas de los proveedores y analiza sus procesos. También ofrece su propio *expertise* de ingeniería para definir e implantar mejores procesos, elevando por tanto la calidad, reduciendo los costes, eliminando pasos de procesos, y acortando los plazos de ejecución.

El director de nivel tres entiende que aunque sus ingenieros están actuando de consultores para otra fábrica, el tiempo y dinero invertido en la planta del suministrador tendrá una buena recompensa. La reducción de costes, elevación de calidad y acortamiento de los plazos de entrega en la planta de su suministrador tendrán justamente un impacto tan grande en el producto final como si esas mejoras se hiciesen en su propia planta.

Desafortunadamente, en este punto el proveedor puede sentirse incómodo por la implantación parcial en su planta de las actividades de reducción de procesos y costes. Es importante superar estas objeciones moviéndose rápidamente al nivel siguiente.

Acción correctiva para pasar al nivel cuatro

- Como el liderazgo parcial conduce a un éxito limitado, ofrezca al proveedor el mismo liderazgo y directrices que ha implantado en su fábrica.
- Estructure un movimiento cooperativo para apoyar las reformas

drásticas en las operaciones del proveedor que refuercen básicamente la calidad de fabricación.

En los tiempos de alto crecimiento económico es apropiado utilizar métodos IE en una base de proceso por proceso o componente por componente (por ejemplo, reduciendo en un 50 por 100 los costes de un proceso en la fábrica del suministrador, que produce piezas utilizadas en su fábrica). Desafortunadamente, en períodos de crecimiento lento, cuando las compañías difícilmente entran en nuevos negocios, la reducción de la estructura de costes de una pieza particular en la planta del proveedor también puede reducir su renta neta si hace los trabajos sobre la base de precio igual a coste más un cierto margen. Los proveedores desean permanecer competitivos, pero esta influencia contraproductiva limita sus deseos de eficiencia en las actividades de fabricación.

El paso siguiente en el progreso es enseñarles a ser más eficientes en las áreas de apoyo de costes no asignables que reducen este tipo de costes no incluidos explícitamente en el precio. Esto les ayudará

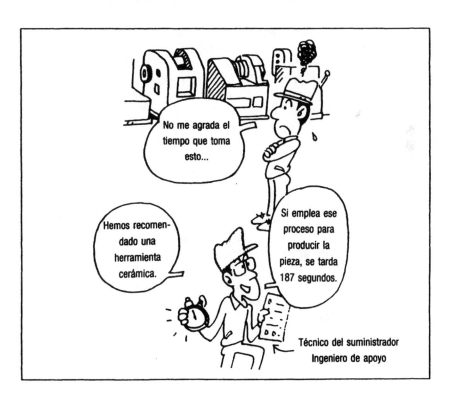

a beneficiarse de los incrementos en la calidad de fabricación que les permitirán responder rápidamente a las necesidades del comprador conforme éste se adapta a los cambios en el entorno externo. Este programa de mejora puede hacerse estimulándoles a adoptar el sistema de las 20 claves.

Puntos importantes e ideas útiles

- El proveedor es un espejo de la compañía compradora.

NIVEL CUATRO

- El desarrollo mutuo comprador-proveedor empieza ofreciendo liderazgo en la implantación de las 20 claves.

La compañía de nivel cuatro utiliza su experiencia con el sistema de 20 claves para enseñárselo también a sus proveedores. Si una empresa tiene éxito implantando el sistema PPORF, puede emplear ese éxito como base para ofrecer liderazgo a sus compañías proveedoras para desarrollar calidad en su fabricación. A través de este desarrollo, las compañías proveedoras se fortalecen y mejoran su capacidad de excelencia de servicio, mientras la compañía compradora recibe artículos o servicios más fiables y baratos.

El primer paso es auditar las operaciones del suministrador utilizando la escala de cinco puntos en las veinte áreas clave explicadas en este libro. Utilice su experiencia en el programa PPORF para ayudar a la dirección de la compañía proveedora a seleccionar las áreas más necesitadas de mejora. Es importante no esperar una mejora demasiado importante en un plazo demasiado corto. Una vez que la dirección del proveedor ha seleccionado la estrategia de implantación, debe ayudar a elevar su nivel en todas las claves un punto cada vez, o incluso medio punto al mismo tiempo.

Utilice el *expertise* adquirido para ayudar a que el programa proceda regularmente. Por ejemplo, si la prioridad más alta es reducir el stock y el plazo de fabricación, debe comenzar con la clave 1 (Limpieza y organización), pasar a la clave 5 (Cambios de útiles rápidos), continuar a la clave 8 (Fabricación acoplada), y finalmente emplear la sinergia de todas estas mejoras para pasar al área meta, la clave 4 (Reducción del stock).

Acción correctiva para pasar al nivel cinco

● Como cada compañía es única ayude al proveedor a desarrollar las estrategias más apropiadas para sus propias necesidades y ofrecerles cualesquiera asistencias que pueda.

En muchos casos, cuando el programa PPORF se implanta por primera vez en una fábrica, su novedad causa confusión y para el progreso del programa. Si esto ocurre en la fábrica de su proveedor, dé un paso adelante y ofrezca la experiencia y liderazgo de su propia compañía. Cuando no es adecuado meramente mostrar la ruta correcta y la compañía no progresa, la compañía experimentada puede ofrecer despachar a su propio personal para ayudar a resolver los problemas de la compañía en dificultades. De este modo, puede echar una mano a sus proveedores y hacerles que suban un punto o medio en cualquiera de las claves.

Utilizando como ejemplo la clave 5 (Cambios rápidos de útiles), hay veces en las que una compañía entiende algunos de los conceptos

de mejora pero está falta de la tecnología precisa para cambiar las cosas. En estos casos, puede invitar a personal de la planta del proveedor a que visite su propia fábrica, permitiéndoles que vean lo que Vd, hace, y darles la experiencia que necesitan para hacer mejoras en su planta.

Puntos importantes e ideas útiles

- Invitar al personal de las plantas de los proveedores a ver en operación a las 20 claves y experimentar cómo funciona en su propia fábrica el programa PPORF.

NIVEL CINCO

- Su compañía mejora su puntuación global en veinte puntos o logra en total ochenta puntos.

Antes de que pueda alcanzar un nivel cinco en esta clave, debe primero lograr un incremento de veinte puntos en el total de claves o como mínimo un nivel de ochenta puntos en el programa entero de veinte claves. De otro modo, no puede ofrecer un liderazgo adecuado a sus compañías proveedoras.

La compañía de nivel cinco está en una posición envidiable: la productividad de sus proveedores se ha doblado, los plazos de entrega se han cortado a la mitad, y se han reducido las tasas de defectos. Los suministradores lo están haciendo tan bien que están consiguiendo por su parte negocios de otras compañías, y pueden ahora reducir los precios cotizados. La compañía de nivel cinco ha crecido al mismo tiempo que sus suministradores y puede mirar adelante hacia mayores niveles de desarrollos mutuos futuros.

Estado actual		puntos
Meta uno		puntos
Meta dos		puntos

Clave 13

Eliminar el desperdicio con un «Mapa de la Montaña del Tesoro»

En muchas fábricas, los supervisores, contramaestres y directores no tienen una comprensión real del desperdicio y sus orígenes. Estos directivos ven a sus empleados exhaustos y bañados en sudor y piensan en su interior, «Puedo estar contento, mi personal trabaja con diligencia», en vez de poner en cuestión si no hay un modo de ayudar a los empleados a trabajar más productivamente.

Sin embargo, no importa lo duro que trabajen los empleados y suden en su «honesta tarea», si sus esfuerzos no añaden valor al producto (tal como lo percibe el cliente), entonces todo ello es en vano y debe categorizarse como desperdicio. Es importante percibir que trabajar sin añadir valor es desperdicio y debe eliminarse.

El modo más rápido y eficaz para eliminar los esfuerzos desperdiciados es ganar la ayuda de todos los trabajadores de la fábrica. La acumulación de mejoras triviales aparentemente poco significativas en muchas áreas menores tienen un gran efecto global. Los trabajadores de fábrica pueden ser una excelente fuerza de choque para mejoras de este tipo.

Esta clave introduce el «Mapa de la Montaña del Tesoro», un mecanismo desarrollado para ayudar a todos los empleados de una fábrica a que comprendan lo que es desperdicio y sus causas. El Mapa de la Montaña del Tesoro identifica de una ojeada dónde se produce desperdicio y registra el progreso de la fábrica en su eliminación. Etiquetando los problemas como «oro», «plata», o «cobre», según su grado de seriedad, el Mapa de la Montaña del Tesoro contempla los problemas con una luz positiva más bien que descorazonar a los trabajadores. Cuanto más serio es el problema, mayor es la oportunidad de conseguir algo valioso resolviéndolo. Este sistema arroja luz sobre la cantidad de trabajo con valor añadido que se hace y posibilita comparar y estimular a los diversos grupos involucrados. El mapa alimenta una competencia sana entre grupos, creando un lugar de trabajo grato y eficiente mientras se eliminan los esfuerzos desperdiciados.

NIVEL UNO

- No existe el sentido ni la comprensión del desperdicio.

Los directores de la fábrica de nivel uno se complacen viendo trabajar duro a sus empleados. Cuando oyen hablar de programas para mejorar sus fábricas piensan: «Mi personal está trabajando tan duro como es posible —no puedo pedirles que hagan más.» Estos directores creen que dejarles lo suficientemente solos es la mejor política; intentar conseguir que los trabajadores hagan algo nuevo podría dañar su motivación.

Si Vd. gasta unas pocas horas observando objetivamente las operaciones de una fábrica de nivel uno, podrá descubrir que, a pesar de la visible diligencia de los trabajadores, la fábrica está repleta de prácticas despilfarradoras.

Por alguna razón, los directores de las fábricas de nivel uno parecen pensar que la eficiencia es inherente a una tarea intensiva. Es afortunado que lo inverso es verdad, la eliminación del desperdicio hace el trabajo de cada uno más llevadero en vez de más duro. Si elimina el desperdicio y continúa trabajando con la misma intensidad de esfuerzo, los niveles de productividad se elevarán cada vez. No hay razón para temer que empiecen las mejoras en la fábrica.

La fábrica en la que puede escuchar a los trabajadores decir cosas como: «¡Uf, esto *pesa*!» o «¡Vaya, me asombra dónde tenemos que colocar este útil!» es una fábrica en la que el desperdicio está empezando a eliminarse.

Acción correctiva para pasar al nivel dos

- Asegure que todos los empleados comprenden que cualesquiera esfuerzos que no añadan valor al producto son desperdicio.

Si examina las operaciones en una fábrica de nivel uno con la perspectiva de que todos los esfuerzos que no añaden valor al producto son desperdicio, podrá ver las enormes cantidades de desperdicio que existen a su alrededor. Perciba que el «trabajo real» es lo opuesto al desperdicio —eventualmente se le paga por hacer «trabajo real» que añade valor al producto.

La cuestión no es que los trabajadores estén muy ocupados trasladando materiales y piezas de aquí para allá, o cuántas veces cargan y descargan palets o estantes; estas acciones no son trabajo real porque no añaden ni una pizca de valor a los productos. No puede decir a un cliente: «Lo hemos movido una barbaridad por toda la fábrica, así que vale más.» Esta clase de actividades son desperdicio en su forma más pura.

La búsqueda de herramientas, útiles, piezas y accesorios tampoco añade valor al producto. Lo mismo vale para las esperas, las reuniones innecesarias, la «supervisión» de máquinas, etc. Incluso las personas que ve se apresuran moviéndose desde un trabajo que justamente acaban de completar a un trabajo siguiente, están involucradas en una actividad despilfarradora —andar en sí mismo emplea tiempo y no añade valor al producto, y, por tanto, debe considerarse una forma de desperdicio.

Puntos importantes e ideas útiles

- Hacer solamente las acciones por las que eventualmente pagará el cliente —cualquier otra cosa es desperdicio.

NIVEL DOS

● Todos los empleados participan en un común entendimiento sobre lo que es desperdicio.

En la fábrica de nivel dos, todos los trabajadores han aceptado que las actividades que no añaden valor al producto son un desperdicio, y han resuelto hacer cualesquiera mejoras que sean necesarias para eliminar el desperdicio.

En este nivel, todos los empleados reexaminan cada aspecto de sus trabajos e intentan eliminar el desperdicio donde quiera que lo encuentren. Los trabajadores son un ejército que hace la guerra al desperdicio. Conforme identifican modos resolutivos de reducir el desperdicio, la fábrica es más capaz de fabricar productos de alta calidad más rápidamente, más baratos, y con mayor facilidad de la que era antes posible.

En la fábrica de nivel dos, los operarios de cada proceso analizan todos los aspectos de las actividades de la estación de trabajo y clasifican las operaciones en actividades que añaden valor y que no añaden valor. Cada operario es capaz de reconocer la diferencia.

Acción correctiva para pasar al nivel tres

● Construir un Mapa de la Montaña del Tesoro.

Un adagio de la filosofía de fabricación japonesa que se ha hecho famoso por todo el mundo es que «un error es tan valioso como una pepita de oro», lo que señala un error es dónde puede mejorar la fábrica. Esta máxima puede extenderse para incluir el desperdicio; ¡el desperdicio es un tesoro porque se puede ganar mucho dinero erradicándolo!

El Mapa de la Montaña del Tesoro es un sistema que utilizan los trabajadores para indicar de una ojeada dónde y con qué amplitud existe desperdicio en la fábrica, las dos cosas que necesitan saber para erradicarlo eficientemente.

El método del Mapa de la Montaña del Tesoro tiene dos partes: un «mapa» y un gráfico muestra. El mapa se emplea como un juego para identificar el desperdicio, utilizando un bosquejo de un área familiar con varias partes coloreadas y etiquetadas como minas de oro, plata, o cobre, o «llanuras». Con esto se representa, en orden decreciente, el grado de desperdicio y el valor potencial de su erradicación. Incluso las áreas designadas «llanuras» pueden rendir valor —lo que hay que hacer es excavar más. Piense de ellas como «áreas de búsqueda de petróleo».

El gráfico muestra como infundir vida a estas áreas simbólicas en la planta. Los empleados, trabajando como comité, toman muestras de observaciones de diversas áreas de trabajo y asignan puntuaciones numéricas a lo que han visto aplicando una escala definida previamente. Esta evaluación cubre diversas formas de desperdicio , perfiladas para la fábrica en particular. Entonces se prepara un gráfico, utilizando los mismos símbolos que en el mapa para expresar las puntuaciones de las diversas áreas. Véanse las figuras que siguen como ejemplo de lo expuesto. A continuación, el gráfico y el mapa se colocan en una posición centralizada donde puedan utilizarlo todos. Se promueve una competición amistosa entre los grupos para «explotar» sus minas.

Aunque el aspecto de juego de este sistema pueda parecer fútil a los no iniciados, hay una razón real para su enfoque —es difícil dañar la moral de los peores grupos cuando la evaluación que se les asigna

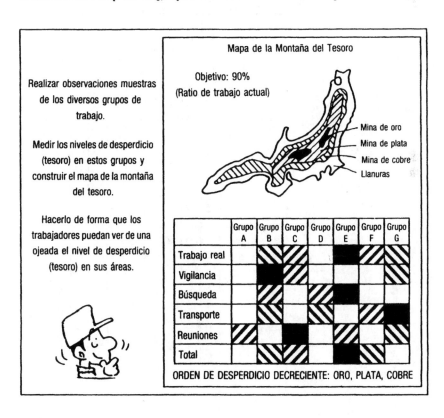

Mapa del Tesoro

Ronda: 9
Periodo de muestra: sepbre. 1-30, 1988
Objetivo: trabajo real superior al 85 por 100

Oro   Plata   Cobre   En orden, desde el desperdicio mayor al menor

Mina de oro   Trabajo real: por encima del 70 por 100 de media
Trabajo desperdiciado: más del 125 por 100 de media

Mina de plata   Trabajo real: más del 80 por 100 de media
Trabajo desperdiciado: más del 125 por 100 de media

Mina de cobre   Trabajo real: más del 100 por 100 de media
Trabajo desperdiciado: más del 110 por 100 de media

Llanura   Trabajo real: mayor que la media
Trabajo desperdiciado: menos que la media

Detalle		Grupos (departamentos indir.) Gestión/ ingen. de conserva- ción ener- gía	Gestión/ ingen. fabrica- ción	Diseño	Gestión entregas	Oficina de ingenie- ría	Asuntos generales	Electró- nica	Ingen. fa- bricación	Media de departm. indirectos
Trabajo real	Media desde último periodo	62,7	66,5	70,8	72	66,9	75,7	71,7	74,2	69,4
	Meta para este periodo	72,8	76,5	75	85,5	72	85	80	78	
	Este periodo	70,2	68,9	77,8	75,5	69,6	76,2	77,2	79	73,2
	Oro/plata/cobre									
Ratio de mejora	Porcentaje de mejora	12	3,6	9,9	4,9	4	0,7	7,7	6,5	5,5
	Orden	1	7	2	5	6	8	3	4	
Tasa de logro	Porcentaje de logro	96,4	90,1	103,7	88,3	96,7	89,6	96,5	101,3	
	Orden	5	6	1	8	3	7	4	2	
Premios espe- ciales	Superior al 85 por 100									
	Superior al 90 por 100									

Categoría	Actividad									
	Transportes	1,4	0,6	0,7	0,7	1,3	1,2	1,1	1,2	1
	Andar	3,8	3,6	1,5	3,4	3,2	1,6	3,5	4,7	3,2
	Cambio de útiles	2,2	1,2	1,3	1,3	1,3	1,1	1,6	1,8	1,5
	Búsquedas	2,6	1,2	0,9	2,4	0,9	0,1	1,3	0,9	1,3
Observación/vigilancia	Tiempo pensando	3,5	6	4,4	1,8	1,3	2	1,8	0,6	2,9
	Tiempo vigilando	0,6	1	1,7	1,1	1,2	0,7	0,7	1	1
	Total	4,1	7	6,1	2,9	2,5	2,7	2,5	1,6	3,9
Conversación	Teléfono	4	3,3	2,1	3,9	7,7	6,3	2,5	0,8	4,2
	Coordinación	5,9	8,1	4,2	2,8	5,3	2,2	5,3	1,5	4,6
	Reuniones de negocios	3,2	3,2	2,2	3,7	4	3,4	3,2	3,7	3,4
	Total	13,1	14,6	8,5	10,4	17	11,9	9,2	6	12,2
Desperdicio de averías	Otros	0,5	1	1,5	0,8	1,2	1,4	1,6	1,2	1,1
	Fuera de sitio	2,1	1,9	1,7	2,6	3	3,8	2	3,6	2,6

Nota: Este ejemplo, aportado por el autor, muestra un Mapa del Tesoro real utilizado por una compañía que trabaja con el sistema PPORF. El mapa de la cabecera es una descripción de Honshu, la isla principal del Japón; puede utilizarse con el mismo propósito cualquier otra área con características geográficas diversas. —ed.

se denomina «oro». Una fábrica mediocre con una productividad baja y empleados contestatarios posiblemente no podrá tener éxito con esta clase de actividad— es demasiado fácil que los empleados negativos critiquen. Por otro lado, una fábrica que ha hecho un buen progreso en las 20 áreas clave habrá desarrollado un alto grado de moral y entusiasmo. En estas fábricas, el sentimiento de unidad resultante de superar serios obtáculos a través de esfuerzos de grupo, significa que juegos como éste pueden realizarse con éxito.

Puntos importantes e ideas útiles

- Cuando se juegue este juego, debe jugarse en toda la fábrica.

NIVEL TRES

- Han comenzado las actividades de mejora del Mapa de Montaña del Tesoro.

En la fábrica de nivel tres, se ha colocado un gran Mapa de la Montaña del Tesoro en un lugar conspicuo y diversos grupos de la fábricación están empezando a utilizar las evaluaciones publicadas como base para una competición amistosa. Participan todos los miembros de los grupos, y los grupos han formulado algunos planes concretos para reducir la cantidad de desperdicio y elevar el ratio de trabajo real de sus áreas. (El ratio de trabajo real es la cantidad de tiempo gastada en actividades que añaden valor dividida por el tiempo total en el trabajo, excluyendo interrupciones, reuniones, etcétera.)

Aunque incluso en las fábricas de nivel dos los trabajadores están ansiosos de eliminar el desperdicio, pueden no tener los conocimientos suficientes para conseguir resultados significativos. En la fábrica de nivel tres, se han identificado claramente las áreas que necesitan mejora. Las reuniones de estudio/«brainstorming» informan de las puntuaciones de las «auditorías del tesoro» junto con la posición relativa de los grupos. En estas reuniones se examinan las áreas con altos ratios de trabajo real y las áreas que necesitan mejora porque dichos ratios son bajos. Se revisa también el sistema de evaluación en sí de forma que cada uno entiende el mejor modo de mejorar las puntuaciones. Un representante del grupo directivo describe estrategias y planes para mejoras futuras.

Acción correctiva para pasar al nivel cuatro

- El entusiamo lleva solamente hasta cierto punto —son esenciales planes definidos para tener éxito en «erradicar el desperdicio».

Sin un plan concreto para mejoras, hay poca esperanza para un aumento significativo de los ratios de trabajo real dentro de un área particular. Tomemos como ilustración un grupo que decide reducir la cantidad de desplazamientos y transporte que se realizan. Justamente la decisión de no moverse mucho obviamente no trabajará —el grupo precisa decidir un plan para mejorar el «layout» de sus estaciones de trabajo para eliminar desplazamientos y actividades de transporte.

Los grupos pueden desear hacer planes para mejorar Limpieza y Organización (clave 1), reducir los tiempos de búsquedas o aumentar la Fabricación con Supervisión Cero (clave 7) para reducir el tiempo desperdiciado mirando el equipo. Es esencial reunir a los directores de primera línea en un grupo y examinar la estrategia para mejorar la fábrica en su conjunto, combinando el «know-how» de la fábrica entera para derivar un sistema unificado de reduccion del desperdicio.

Puntos importantes e ideas útiles

- Hacer que las reuniones sean agradables de forma que incluso el grupo que tuvo la actuación más modesta la última vez pueda contemplar el período siguiente con entusiasmo para mejorar.
- Antes de las reuniones, hacer que los directores visiten las diversas áreas para observar problemas específicos y pensar sobre soluciones.

NIVEL CUATRO

- El ratio de trabajo real es superior al 85 por 100.

En la fábrica de nivel cuatro, todos los grupos de fabricación han estado compitiendo entre sí en el juego de la Montaña del Tesoro y han hecho tantas mejoras que el ratio de trabajo real se. ha elevado por encima del 85 por 100. Esta fábrica tiene la suficiente organización en la planta como para que las herramientas y piezas se puedan encontrar de una ojeada. La asignaciones de trabajo de hoy y mañana están claramente indicadas en un tablero de deberes de forma que no hay necesidad de desperdiciar tiempo discutiendo sobre tareas.

Se han minimizado también los fallos de los equipos, eliminando otra causa de discusiones y los correspondientes desperdicios de tiempo. Se han abolido fundamentalmente las tareas de supervisión de los equipos (permanecer al lado de las máquinas mientras operan). El control del proceso y un sistema regular de distribución de materiales ha eliminado el tiempo gastado esperando por accesorios o materiales. El trabajo fluye regularmente por cada lado.

Acción correctiva para pasar al nivel cinco

- Reducir el stock hasta niveles extremos.
- Mejorar el «layout» de la planta.
- Mejorar las puntuaciones en todas las claves como mínimo hasta el nivel cuatro.

Por el tiempo en que su fábrica ha alcanzado el nivel cuatro, ha logrado ratios de trabajo real superiores al 85 por 100, y es más difícil encontrar desperdicio que eliminarlo. Para incrementar el ratio de trabajo real otro 10 por 100 hay que hacer algo más que planes y sesiones de «brainstorming»; es necesario reexaminar los principios de las 20 claves. El sistema de las 20 claves está diseñado específicamente para elevar el ratio de trabajo real trabajando interactiva y sinérgicamente en cada área clave. Para mejorar desde el nivel cuatro al cinco, uno debe utilizar plenamente todas las claves, empleando el progreso en cualquier clave en particular como el fundamento para el progreso en la clave siguiente. Paso a paso, en un proceso acumulativo gradual, puede eliminar un gran cantidad del remanente 15 por 100 de tiempo despilfarrado.

Utilice el método de Comunicaciones de Grupo (GC) para estudiar modos de reducir a cero las actividades de transporte, eliminar las actividades de búsqueda, y las conferencias innecesarias. Este método muestra como meta en el centro de un gráfico la leyenda «sólo trabajo

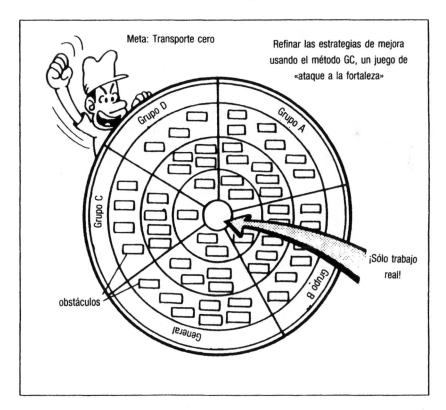

real» como «fortaleza» a conseguir. El personal escribe sobre tarjetas los diversos obstáculos que se oponen para alcanzar la fortaleza y ordena las tarjetas en zonas alrededor de la misma. A través de discusiones de grupo y esfuerzos, los empleados construyen un plan para destruir los obstáculos y alcanzar el centro. Algunas compañías publican manuales y ofrecen educación para eliminar hasta la última pizca de tiempo desperdiciada en la planta.

Puntos importantes e ideas útiles

- El método GC es un modo para preparar una estrategia para mejorar adicionalmente los ratios de trabajo real de las fábricas.

NIVEL CINCO

- El ratio de trabajo real está por encima del 95 por 100. Asumiendo que los trabajadores necesitan un 3 por 100 de tiempo de descanso, esto significa que se desperdicia menos del 2 por 100 del tiempo.
- Las puntuaciones en todas las claves están en el nivel cuatro o cinco.

El trabajador de la fábrica de nivel cinco puede decir «Sin todos esos inconvenientes innecesarios, mi trabajo ciertamente es ahora más fácil, el trabajo parece hacerse por sí mismo.» No existe desperdicio observable en la fábrica, y la moral ha mejorado significativamente porque todos los trabajadores son conscientes de que las ideas que ellos y sus empleados subordinados han remitido, han eliminado los elementos despilfarradores y procesos fastidiosos, permitiendo que el trabajo real progrese fácilmente. Estos trabajadores tienen todos un sentimiento de agradecimiento mutuo.

Este nivel puede alcanzarse solamente por la interacción sinérgica de las 20 claves —todas las claves deben estar como mínimo en un nivel cuatro antes de que pueda alcanzar un nivel cinco en la reducción del desperdicio. Se ha producido un progreso sustantivo en la productividad, calidad, y plazos de ejecución y la fábrica es verdaderamente de primera clase.

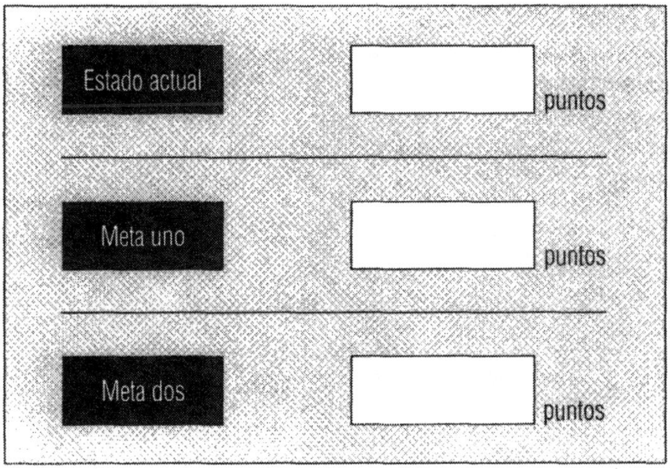
Estado actual
puntos
Meta uno
puntos
Meta dos
puntos

Clave 14

Educar a los trabajadores para hacer mejoras

Un principio fundamental de las mejoras en los lugares de trabajo es que para tener éxito duradero, las mejoras deben originarse en los lugares de trabajo e implantarse en los mismos. Si los trabajadores dependen de otros para hacer incluso las menores mejoras, esas merjoras, una vez implantadas, usualmente no resultan ser exactamente lo que los trabajadores tenían en mente y no satisfacen plenamente sus necesidades. Por ejemplo, los trabajadores de una estación particular pueden necesitar un estante de almacenaje. En muchas compañías, el contramaestre contacta a un empleado de compras que pide un estante de almacenaje genérico a un proveedor del entorno local. Cuando el estante llega, probablemente se ajusta a las necesidades de los trabajadores menos precisamente que si lo hubiesen diseñado y construido por sí mismos, después de considerar las configuración de la estación de trabajo, los tipos de elementos a almacenar, la frecuencia de uso, etc. Si los trabajadores hubiesen construido u obtenido por sí mismos el estante en vez de confiar en otros, entonces el estante probablemente habría contribuido a mejorar la productividad en vez de aminorarla.

Muchas compañías asignan todas las actividades de modificación del equipo a terceros en vez de a los trabajadores mismos. En tales situaciones, a menudo las modificaciones resultan complicadas, costosas y plagadas de retrasos. Una vez completadas, no cumplen en modo alguno con la intención original de la modificación.

Muchas compañías ponen énfasis en programas que estimulan a los trabajadores de primera línea a desarrollar ideas de mejora, pero las mejores compañías alimentan también en sus empleados la habilidad para ejecutar esas mejoras. Las ideas concebidas por los trabajadores deben ejecutarse por los trabajadores.

Muchas compañías no solamente estimulan con éxito a los trabajadores de primera línea para realizar mejoras por sí mismos, sino que también preparan paneles de exhibición de las mejoras implantadas en la fábrica. Esta muestra pública se denomina a menudo en Japón la «Esquina de la Mejora». Ayuda a generar ideas de mejora y muestra también el proceso mediante el cual las mejoras se han puesto en práctica —por ejemplo, cómo hacer modificaciones de los útiles. Adicionalmente, la Esquina de la Mejora incluye también los instrumentos y equipos necesarios para hacer mejoras.

Las mejoras para el futuro están profundamente enraizadas en la experiencia del pasado. Esto no implica que las mejoras se hagan siempre del mismo modo cada vez; un sistema que ha tenido éxito bajo un conjunto de circunstancias puede necesitar modificaciones considerables antes de que pueda aplicarse a un conjunto de circunstancias diferentes. Con todo, si los trabajadores tienen una Esquina de la Mejora como un lugar para construir equipos para hacer mejoras y donde ver ideas modelo que han tenido éxito en otras áreas, sus propuestas de mejora llegarán lejos. Las mejoras se harán más rápidamente, con menos coste, y con menos ensayos/errores. El resultado será un mayor ahorro de dinero.

NIVEL UNO

- La compañía tiene un sistema de propuestas de mejora por los empleados y un activo sistema SGA, pero necesita la ayuda de terceros o de otras compañías para fabricar o modificar equipos de acuerdo con las ideas sugeridas.

Volvamos al ejemplo de los estantes de almacenaje. Cuando los trabajadores de una fábrica de nivel uno empiezan las actividades de limpieza y organización (clave 1), y descubren la necesidad de un estante, la dirección les provee uno. Los trabajadores se quejarán si encuentran que el estante enviado es inconveniente para sus necesidades y permanecerá sin utilizar la mayor parte del tiempo porque no les ayuda mucho.

Cuando estas fábricas tienen propuestas de mejora los directores se preguntan a quién podrán recurrir para materializar dichas mejoras. Se quejan de que las mejoras no están en el presupuesto y, por tanto, no pueden implantarse. Como los directores nunca saben dónde presupuestar para asegurar que las mejoras se hagan, nunca parece ser apropiado el momento para hacer mejoras, y los trabajadores pierden rápidamente el entusiasmo por cualquier programa de mejora, por que la dirección nunca parece preocuparse de materializar las cosas que han señalado los operarios.

Acción correctiva para pasar al nivel dos

- Hacer que el personal que remite propuestas de mejora sea precisamente el que dé los pasos necesarios para que la mejora se materialice.

Incluso cuando ha comprobado que un sistema trabaja bien en un área, no hay garantía de que tenga el mismo impacto sobre la productividad cuando se introduce en alguna otra parte. Cuando se modifican equipos para mejorar la productividad, usualmente se necesita un corto período de test para optimizar la eficiencia del nuevo sistema.

En un sistema en el que alguien del exterior construye la modificación del equipo, esa tercera persona no está usualmente en la estación de trabajo cuando se hace evidente que se necesitan ajustes. Como llamar a esa persona para optimizar los ajustes es costoso y generalmente fastidioso, la mayoría de los directores piden a sus empleados que se acostumbren a vivir con los inconvenientes de la máquina. Los empleados se frustran por que las mejoras previstas nunca se materializan realmente. Algunas veces desarrollan la actitud, «si la dirección no se preocupa de mi productividad, ¿qué puedo hacer yo?».

La solución obvia a este problema es dejar que los trabajadores hagan las modificaciones por sí mismos. Si la modificación no es perfecta, si algo no está ajustado, o si se necesita otra modificación para alcanzar una eficiencia óptima, entonces los trabajadores que deseen la modificación serán capaces (en su caso, con ayuda de la ingeniería de la compañía) de programarla y realizarla sin incorporar costes significativos.

Puntos importante e ideas útiles

- Organizar una Esquina de la Mejora con materiales que ayuden a los operarios a aprender cómo hacer modificaciones a su proceso, útiles y equipo.
- Los operarios aprenden sobre su equipo conforme hacen las modificaciones. Este conocimiento les permite convertirse en expertos de su estación, entender las operaciones, aprender mantenimiento preventivo e ingeniería.
- No permita que los trabajadores hagan cambios a su antojo según se les ocurra. Tienen que operar a través del sistema de propuestas de mejora y hacer las modificaciones solamente después de autorizadas.

NIVEL DOS

- Se ha creado una Esquina de la Mejora en la fábrica.
- Estantes, plataformas, y otros elementos simples pueden construirse directamente en la fábrica.

Cuando una fábrica progresa en las 20 claves, especialmente en la clave 1 (Limpieza y Organización) y en la clave 4 (Reducción del Stock), se reduce dramáticamente el espacio necesario para operar los procesos y almacenar el stock. El resultado es una abundancia de espacio libre en la planta. Este espacio puede emplearse para crear una Esquina de la Mejora.

La fábrica de nivel dos tiene una Esquina de la Mejora donde es posible fabricar equipos para mejoras. Elementos tales como estantes y plataformas, pueden producirse internamente con las especificaciones exactas para cualquier estación en particular. En este nivel, los grupos SGA trabajan activamente y son capaces de sugerir e implantar mejoras.

Los trabajadores están aprendiendo a manejar varios tipos de equipo de forma que pueden producir equipos o hacer modificaciones por sí mismos. Los empleados aprenden muchas habilidades nuevas; los trabajadores que no saben soldar aprenden a soldar de forma que pueden fabricar sus propios estantes. La fábrica tiene una completa educación en seguridad de forma que los trabajadores no se accidentan mientras aprenden nuevas habilidades en la Esquina de la Mejora.

Acción correctiva para pasar al nivel tres

- Ampliar las capacidades del proceso en la Esquina de la Mejora.

Una vez que se ha completado la Esquina de la Mejora, los trabajadores que tienen algún tiempo libre entre procesos pueden ir allí

para trabajar durante algunos minutos sobre sus ideas de mejora. Los más entusiastas trabajarán allí después del horario normal porque no tienen suficiente tiempo libre durante el día. Estos trabajadores no se conformarán con utilizar planchas de metal y soldadura para hacer estantes; pronto tendrán suficiente confianza en sí mismos para empezar a utilizar procesos de mecanizado para fabricar elementos que mejoren la productividad de los equipos.

Es importante suministrar a los trabajadores los instrumentos a utilizar en la mejora de su equipo. Conforme ganan experiencia en la modificación del equipo, sus ideas respecto a las modificaciones se harán más y más sofisticadas. Consecuentemente, llegará un tiempo en que precisarán equipo crecientemente sofisticado.

Aunque es común en Japón tener una Esquina de la Mejora en cada área particular de la fabricación, con algunos equipos muy avanzados, esto puede no ser muchas veces factible. Muchas compañías en Japón resuelven este problema con Esquinas de la Mejora departamentales que tienen capacidades de soldadura y trabajo de chapa y una localización centralizada singular en la que los trabajadores pueden realizar las tareas más especializadas de mecanizado de piezas y útiles.

Puntos importantes e ideas útiles

- Conforme progresa con las actividades de reducción de stocks y limpieza y organización, quedará más espacio para ampliar la Esquina de la Mejora.

NIVEL TRES

- Cada taller tiene una Esquina de la Mejora.
- La planta tiene la capacidad de producir incluso máquinas herramientas.

En la fábrica de nivel tres, ha aumentado la habilidad de los trabajadores para diseñar mejoras como consecuencia de su nivel de experiencia.Los planes incluyen ahora piezas mecanizadas, no solamente trabajo simple sobre láminas de metal y soldadura, y los trabajadores saben fabricar herramientas, útiles y piezas mecanizados en la Esquina de la Mejora. Está asimismo mejorando la tecnología de cambios rápidos de útiles, y los trabajadores mismos pueden hacer las modificaciones necesarias en los equipos y útiles para facilitar los métodos mejorados de preparación.

Los útiles que necesitan proceso avanzado tal como rectificado de precisión, punteado o temple pueden solicitarse al departamento de ingeniería de la compañía o a una compañía externa . La fábrica de nivel tres tiene un sistema que hace simple para los trabajadores pedir útiles y piezas que no pueden hacer por sí mismos. El sistema asegura excelentes comunicaciones entre el usuario del proceso que se está mejorando, y la persona que mejora el proceso, si esa persona no es la misma.

Acción correctiva para pasar al nivel cuatro

- Ofrecer educación interna sobre la utilización del equipo de la Esquina de la Mejora y la fabricación de piezas en el exterior.

Para mejorar hasta el nivel cuatro, los operarios necesitan entender el sistema para conseguir útiles y piezas que son demasiado complejos

para que los hagan ellos y también el modo de utilizar el equipo interno de fabricar útiles sofisticado. Conocer estos procesos de mecanizado más avanzados mejorará las comunicaciones y permitirá a los operarios utilizar más eficientemente los recursos externos.

En algunas fábricas del Japón, este programa de educación se realiza con un carro portador de paneles que se aparca en la cafetería u otra área pública o se lleva a reuniones de grupo. Este carro lleva ejemplos de piezas que se han fabricado para reducir el consumo de energía, mejorar los cambios de útiles, o aumentar la automatización. En el área de trabajo de la Esquina de la Mejora, se colocan paneles que exhiben elementos que elevan la eficiencia tales como conmutadores de límite, contadores digitales, y auto-calibres, y muestran para los que son buenos, cómo se utilizan, y cómo se instalan. Con un sistema como éste cercano a las áreas de trabajo, los trabajadores conseguirán más ideas sobre la mejora de sus propias estaciones, lo que conducirá a mejorar más rápidas.

Puntos importantes e ideas útiles

- Preparar paneles de forma que los trabajadores puedan ver el equipo utilizado en mejoras y modificaciones.

NIVEL CUATRO

- La planta puede fabricar sus propios mecanismos de automatización de bajo coste (LCA).
- Está disponible equipo especializado para producción dedicada.

Irónicamente, muchas plantas que fabrican robots no tienen instalaciones en sus Esquinas de la Mejora para construir mecanismos de automatización de bajo coste (LCA) o equipo con dedicación especializada. Estas compañías están perdiendo la oportunidad de utilizar sus habilidades técnicas para mejorar sus operaciones así como sus productos.

En la fábrica de nivel cuatro, los trabajadores pueden construir mecanismos LCA o equipo especialmente dedicado para mejorar la eficiencia de la fabricación. Si a los trabajadores les falta habilidad técnica para diseñar o fabricar por sí mismos el equipo, la experiencia y educación con el carro de muestra de equipos de mejora, como mínimo les da la habilidad para hacer un diseño aproximado que pueden mostrar al grupo de ingenieros del equipo o algún fabricante externo para que perfilen una ingeniería y fabricación más rigurosas.

Si los mismos empleados diseñan y construyen el equipo, pueden emplear desechos, motores viejos y otros elementos fuera de servicio que, a menudo, se encuentran en el fondo de los almacenes de muchas fábricas. El equipo obsoleto, que de otra forma seguiría oxidándose y ocupando espacio, se coge, modifica y pone en buen uso, proveyéndose así con equipo que se ajusta exactamente a las necesidades de los procesos en cuestión. Como resultado, la fuerza laboral incorpora conocimientos sobre su equipo y un sentimiento de orgullo y logro, lo que usualmente se traduce en una moral más alta y un aumento de la productividad.

Acción correctiva para pasar al nivel cinco

* Ofrecer educación sobre microprocesadores, equipos hidraúlicos y sensores.

Conforme aumenta siempre más rápidamente la tecnología a la que pueden recurrir los fabricantes, resulta imperativo, aunque crecientemente difícil, mantenerse a su paso. Es esencial fomentar la habilidad para utilizar elementos tales como microordenadores, mecanismos hidraúlicos, y los sensores más apropiados para fabricar mecanismos LCA rápidamente adaptables a los cambios. Recientemente se han desarrollado muchas nuevas variedades de sensores que pueden ayudar a mejorar la eficiencia de la fabricación, y los microordenadores están ahora al alcance de todos. Es esencial ofrecer educación y estimular a los empleados a estudiar estos avances tecnológicos, no permitiendo que su fábrica se retrase y cese de ser competitiva.

Esto no implica que las compañías deban salir corriendo a comprar costosos robots. La automatización simple «crecida en casa» usualmente puede obtenerse por una fracción del coste de la automatización adquirida a terceros y suele cumplir sus propósitos mucho mejor que los mecanismos comerciales.

Algunos directores occidentales se mofan de la idea de que los trabajadores de sus fábricas puedan diseñar y construir equipo de automatización simple utilizando ordenadores. Sin embargo, nuestra experiencia indica que la automatización basada en microordenadores diseñada por los mismos trabajadores de la fábrica es, usualmente, mucho más útil y práctica y mucho menos costosa que la automatización diseñada y construida por profesionales de la electrónica.

Puntos importantes e ideas útiles

- Demostrar interés en toda la compañía en la utilización de los avances tecnológicos.

NIVEL CINCO

- La fábrica tiene robots simples y otros mecanismos utilizando microordenadores baratos.

La fábrica de nivel cinco hace un pleno uso de la moderna tecnología, pero de una forma prudente. Una forma es fabricar un cierto número de robots simples para tareas específicas en vez de comprar robots multifuncionales que se infrautilizarán perpetuamente. Si es demasiado difícil fabricar el equipo en las Esquinas de la Mejora, los trabajadores pueden explicar claramente los requerimientos funcionales exactos del equipo y conseguir que un técnico experto lo diseñe

y construya. Los trabajadores emplean el equipo con precisión y con orgullo por su responsabilidad y patrocinio, y el equipo devuelve en corto plazo lo que se ha pagado por él.

En la fábrica de nivel cinco, los trabajadores son capaces de hacer mejoras en el equipo cada vez que lo juzgan apropiado. Un ejemplo es la construcción de clasificadores automáticos para inspecciones al 100 por 100, que erradican completamente cualquier material defectuoso remanente a enviar a la estación siguiente o al cliente.

Para asegurar que la fábrica no se retrasa en el rápido flujo de la tecnología, se realizan regularmente seminarios tecnológicos organizados para todos los empleados.

Estado actual	_____ puntos
Meta uno	_____ puntos
Meta dos	_____ puntos

Clave 15

Versatilidad de habilidades y educación para trabajadores polivalentes

En muchas compañías, una ausencia inesperada de uno o varios empleados puede hacer que paren las máquinas y se causen serias repercusiones en los programas de producción. A menos de que encuentren un modo de incrementar la flexibilidad, las compañías con esta falta de versatilidad experimentarán problemas durante los cambios en la demanda de productos y durante los muchos cambios en la dirección de la fábrica que acarrea un plan PPORF. Para tener capacidad de responder rápidamente a los cambios en el entorno y en la demanda, los empleados deben diversificar sus habilidades de trabajo —no justamente aprendiendo otros trabajos dentro de sus propias estaciones o sus grupos, sino mediante el aprendizaje de las habilidades requeridas en las diversas tareas clasificadas.

Desafortunadamente, en la mayoría de las fábricas los procesos son tan complicados que tomaría toda una vida adquirir maestría en todos ellos. Antes incluso de que los empleados puedan incluso esperar dominar la mayoría de los diversos tipos de trabajo de la fábrica, los trabajos mismos deben simplificarse de forma que sean menos difíciles o complejos.

Para lograr últimamente la flexibilidad (y por tanto la habilidad para ajustarse a los cambios en el entorno de negocios), una compañía debe ser capaz de redesplegar a voluntad sus empleados. Para facilitar esto, los empleados deben aprender primero todas las destrezas necesarias dentro de su propia área de trabajo y entonces diversificar aprendiendo los oficios involucrados en el resto de posiciones de la fábrica. Después de desarrollar un plan de apropiada educación y adiestramiento, coloque un tablero o panel de adiestramiento polivalente para seguir el rastro del progreso de cada uno. Aunque el proceso puede tomar un período de tiempo sumamente extenso, los empleados deben rotar (oficial o extraoficialmente) de forma que tengan experiencia real en todas las asignaciones.

Por supuesto, el adiestramiento en tareas múltiples y la rotación de empleados reduce temporalmente la eficiencia y el volumen de producción y puede elevar los costes porque la rotación bajará el nivel medio de experiencia en el trabajo. Sin embargo, al final cada empleado conocerá cada trabajo de la fábrica y habrá practicado en todos ellos. Este estado positivo permite a la compañía adaptarse rápidamente a los cambios y facilita las comunicaciones, la cooperación y la comprensión interdepartamental. También aumenta la seguridad de ocupación de cada empleado individual porque todos ellos pueden reasignarse en vez de quedarse desocupados de un modo u otro.

NIVEL UNO

- La dirección y los trabajadores no tienen interés en la versatilidad del adiestramiento.

Cada fábrica tiene «expertos» que poseen destrezas únicas o especializadas no dominadas generalmente o incluso ni por ninguna otra persona de la fábrica. Esto es inevitable. En la fábrica de nivel uno, sin embargo, la fabricación está satisfecha en tanto que todas las destrezas necesarias en el proceso de fabricación están cubiertas por expertos individuales. La dirección no ha pensado en adiestrar en múltiples tareas para promover la versatilidad en el trabajo.

El folklore japonés cuenta la historia de un famoso fabricante de espadas que podía forjar espadas mejor que ningún otro. Sus espadas eran sumamente valiosas porque solamente él poseía un cierto secreto técnico. Para proteger el valor de sus espadas resolvió no enseñar nunca a nadie su secreto. Cuando otro fabricante de espadas intentó robar el método, el maestro fabricante cortó los brazos de ese hombre para evitar que pudiese hacer espadas de nuevo.

Aunque esta historia puede parecer bárbara, describe sorprendetemente bien a las fábricas de nivel uno. Muchos empleados de la fábrica de nivel uno intentan proteger su propio valor escondiendo tecnología, incluso expresando enemistad frente a otros que intentan aprender las mismas habilidades. Esta actitud daña la productividad de la compañía en su conjunto.

Acción correctiva para pasar el nivel dos

- Comprender la necesidad de la versatilidad.

Ha pasado la época en la que podía fijarse un programa de fabricación al principio del mes y que siguiese siendo válido al final del mismo. En esta época de crecimiento bajo y una amplia diversidad de demandas de los clientes, el programa de fabricación cambia como un hecho de la vida.

Los cambios de programa y las series cortas significan que las fábricas no pueden soportar tener pilas de stocks entre estaciones de trabajo para defenderse del síndrome «ausencia del experto». Sin experto y sin stock, el proceso siguiente permanece parado, poniendo en dificultades al programa. El único modo de salir de este laberinto es diversificar las habilidades de trabajo a través del adiestramiento múltiple. La dirección debe entender la necesidad de adiestrar en múltiples tareas y los grupos SGA deben hacer de esto una materia de discusión.

Puntos importantes e ideas útiles

- Los grupos SGA deben adoptar temas relacionados con el adiestramiento en múltiples tareas.
- Asegure que todos los empleados conocen el compromiso de la compañía con ellos —el adiestramiento en tareas múltiples los hace más valiosos, no menos.

NIVEL DOS

- Empieza el adiestramiento en diversas tareas dentro de los grupos de trabajo.

En la fábrica de nivel dos, los grupos SGA y todos los trabajadores comprenden la necesidad de la versatilidad en el trabajo. Han tenido lugar reuniones para planificar el adiestramiento en diversos trabajos, y ya han empezado algunas actividades concretas.

Los líderes de grupos SGA han pedido a sus grupos que ayuden a superar los problemas que crea la falta de adiestramiento en múltiples tareas, y los miembros de sus grupos son entusiastas respecto al aprendizaje de nuevas tareas. Los empleados piden voluntariamente aprender sobre diferentes equipos y se enseñan unos a otros siempre que tienen oportunidad.

El contramaestre de la fábrica de nivel dos intenta habilitar tiempo durante su turno de trabajo para las actividades de adiestramiento. Las actitudes de los trabajadores están cambiando desde «no a otro período de adiestramiento en otras tareas» a «pienso utilizar la oportunidad de aprender a operar esa otra estación».

Acción correctiva para pasar al nivel tres

- Ayudar a cada uno a comprender lo interesante que es estar adiestrado en múltiples tareas.

La experiencia con el sistema PPORF nos ha enseñado una cosa muy importante: conforme las compañías progresan en todas las claves, los trabajadores pierden algo de sus actitudes exclusivistas y prevenciones y empiezan a interesarse por la búsqueda de la excelencia. Actividades que anteriormente originaban rebeliones, quejas del tipo «que hay en ello para mí», o amenazas de acciones sindicales, son ahora aceptadas por su valor puro. El entrenamiento en múltiples tareas es una de esas actividades.

Una vez que el lugar de trabajo se ha «energizado» por las mejoras en las veinte claves, los trabajadores se interesan por sí solos en saber más sobre lo que ocurre a su alrededor —esto *es* muy interesante como base para aprender nuevos trabajos. A menudo, este interés puede promoverse convirtiendo el adiestramiento en una actividad competitiva, casi como un juego. Un modo para hacer esto es preparar un panel del progreso en el adiestramiento y colocarlo en un lugar conspicuo para que todos lo vean. La meta es conseguir poner en el panel tantos dobles círculos (adiestramiento completo) como sea posible. Puede convertir esto en puntuaciones numéricas asignando tres puntos al doble círculo, dos puntos a un solo círculo, un punto al triángulo, y cero puntos a una «X». Entonces pueden fijarse metas periódicas o desafíos para aumentos de puntuación y quizá debe establecerse un sistema de recompensas.

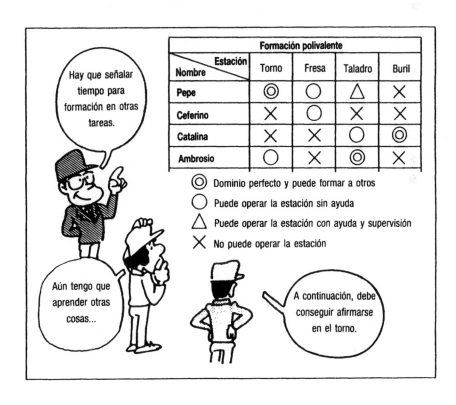

Puntos importantes e ideas útiles

- Muestre el panel del progreso en el adiestramiento en un punto en el que todos puedan verlo.
- Prepare un plan de educación/adiestramiento para facilitar la diversificación.

NIVEL TRES

- Dentro de los grupos de trabajo se realiza un adiestramiento de tareas múltiples completo.

En la fábrica de nivel tres, todos los empleados de cualquier grupo pueden operar sin error todas las máquinas del área del grupo. Por supuesto, algunos equipos son de operación difícil (por ejemplo, algunos equipos de fabricación flexible controlados numéricamente), de forma que quizá algunas pocas máquinas aún requieren especialistas. Pero para el equipo general de la fábrica, las mejoras en los procedimientos de cambios rápidos de útiles, los instrumentos de medición especializados (calibres), y la eliminación de los ajustes deben haber simplificado las operaciones hasta el punto de que todas ellas puedan dominarse fácilmente.

La rotación de los empleados para adiestrarlos en todos los equipos es solamente uno de los modos de ayudar a que todos los empleados de un grupo dominen todo el equipo. Otro modo es modificar el equipo para configurarlo de forma que sea de uso fácil. Este principio se aplica igualmente bien a las operaciones de ensamble y máquinas herramientas. Estandarizando diseños, herramientas, útiles y procedimientos operativos, los trabajos se simplifican de forma que los trabajadores pueden aprender tareas múltiples. La fábrica que tiene éxito en esta clase de programas es una fábrica de nivel tres.

Acción correctiva para pasar al nivel cuatro

- Establezca metas de habilidad para adaptarse al cambio a través de adiestramiento intergrupos.

El primer paso para pasar al nivel cuatro es convencer a los trabajadores de la necesidad de diversificaciones adicionales mas allá de los límites de sus propios grupos, y tomar pasos para crear un entorno donde tengan lugar intercambios entre grupos. La diversificación dentro de un grupo es una tarea relativamente simple que probablemente procederá regularmente bajo la dirección del líder de grupo. El adiestramiento en tareas múltiples entre grupos es un asunto mucho más complicado; no solamente los trabajadores tienen que aprender nuevas tareas, sino que además necesitan familiarizarse con máquinas y aprender tecnología que no han tenido nunca la oportunidad de conocer.   •

Por otro lado, las fluctuaciones en la mezcla de pedidos y los cortos plazos de entrega que se requieren en esta nueva era de mayor competencia, hacen esencial que los trabajadores de la fábrica sean capaces de moverse con facilidad de una tarea a otra cuando lo requiere el mercado. Para lograr esta difícil meta, cada grupo de la fábrica necesita planificar estrategias específicas, tales como designar a un miembro veterano para adiestrar a los trabajadores intercambiados, y se necesita dar pasos positivos para lograr una plena flexibilidad.

Puntos importantes e ideas útiles

- Empezar con intercambios en los equipos más fáciles.
- Fijarse como meta ser tan adaptables que la fábrica sobreviviría incluso si el producto cambiase completamente.

NIVEL CUATRO

- Ha empezado el adiestramiento en tareas múltiples entre grupos de trabajo.
- Los grupos más vitales tienen en marcha un programa de adiestramiento en tareas múltiples.

La fábrica de nivel cuatro ha completado las actividades de adiestramiento entre grupos en los grupos más vitales, hasta el punto en que la dirección puede responder rápidamente a los cambios en los programas de producción redistribuyendo a los trabajadores en la planta de forma que se consigue todo el trabajo previsto. El proceso continúa aún, con los operarios de máquinas adiestrando a los soldadores, los soldadores adiestrando a los operarios de máquinas, y los pintores/revestidores adiestrando a los demás. Cada uno tiene una actitud positiva y desea aprender.

La fábrica de nivel cuatro tiene planes en hipótesis sobre cómo sería necesario redistribuir a la fuerza laboral en respuesta a varios escenarios de cambio de demanda. Se ha puesto en práctica un plan de adiestramiento para crear la mezcla más eficaz de adiestramiento en múltiples tareas. En una localización sumamente visible está expuesto un tablero del progreso en el adiestramiento que cubre los diversos grupos de fabricación. Leyendo este tablero, los visitantes de la fábrica pueden comprobar el nivel de adiestramiento en la misma.

Acción correctiva para pasar al nivel cinco

- Ampliar la diversificación y el programa de adiestramiento en múltiples tareas a toda la fábrica.

El siguiente paso es preparar un plan global de la fábrica que trate las contingencias de todos los cambios imaginables que puedan tener lugar. A continuación crear e implantar un plan general de educación y adiestramiento en la fábrica para alcanzar un nivel en el que pueda adaptarse fácilmente a cualquier situación.

Pueden ser necesarias simplificaciones adicionales de algunos equipos. Por ejemplo, se ha informado que lleva diez años adquirir maestría con la buriladora. En consecuencia, exigir que todos los trabajadores de la fábrica adquieran maestría con la buriladora está fuera de cuestión; tomaría cientos de años. En vez de tener a los trabajadores aprendiendo la operación completa de la buriladora, adiestrarlos en algunos aspectos simplificados del burilado después de que el «especialista» ha completado la preparación.

La estación de soldadura puede emplear la misma filosofía: si tiene mecanismos que actúan como posicionadores de forma que las piezas estén en la localización correcta y hace algunas modificaciones del equipo para posicionar el trabajo de forma que el operario solamente precisa soldar hacia abajo, cualquiera puede operar la estación de

soldadura. Modificaciones del equipo como éstas son precisas para alcanzar el nivel cinco.

Puntos importantes e ideas útiles

- Modifique el equipo de forma que sea fácil de operar para el personal de otras secciones o divisiones.
- Modifique la estación de soldadura de forma que incluso un trabajador no adiestrado pueda soldar.

NIVEL CINCO

- La planta puede redistribuir libremente a la fuerza laboral para adaptarse a los cambios.

Los directores de la fábrica de nivel cinco pueden reasignar libremente su fuerza laboral en respuesta a los cambios en la demanda.

Esto no significa que cada operario es capaz de operar cada pieza del equipo y cada proceso de ensamble. Significa que los trabajadores tienen la suficiente experiencia y adiestramiento como para que la dirección pueda cambiar sus asignaciones de trabajo en respuesta a todos los escenarios de demanda imaginables sin afectar adversamente a la producción o causar penalidades a los trabajadores.

En este punto, con el progreso hecho en las otras claves (especialmente la clave 7, Fabricación con Cero Supervisión), los trabajadores están operando al mismo tiempo múltiples piezas del equipo, y el adiestramiento en tareas múltiples ha progresado hasta el punto en el que hay versatilidad suficiente para cambiar de grupo y seguir allí operando múltiples piezas de equipo.

Estado actual		puntos
Meta uno		puntos
Meta dos		puntos

Clave 16

Programación
de la producción

El sueño del director de fábrica es ser consistentemente capaz de programar sin que se produzcan períodos de confusión salvaje, interrupciones o faltas de ocupación. Desafortunadamente, las líneas de producción diversificada actuales, las tecnologías de fabricación avanzadas, los cortos plazos de ejecución, y los niveles fluctuantes de la demanda hacen que sea difícil conseguir ese ideal. La programación de la producción no es la materia simple que fue en el pasado cuando el director podía meramente indicar a los trabajadores que procesasen el material que permanecía en los estantes esperando.

El progreso en el conjunto de las veinte claves de este libro crea un nivel de calidad de fabricación que, entre otras cosas, incluye una programación de la producción más fluida. Una fluidez en la producción no puede tener lugar sin un cierto nivel de *expertise* en todas las claves. Sin embargo, como la programación de la producción tiene elementos particulares que deben establecerse explícitamente tales como eliminar los programas mensuales, es de todo punto preciso que permanezca como una clave separada por sí misma.

El sistema de programación de la producción del pasado, que utilizaba libros de registro para intentar controlar el cumplimiento de los programas, no controlaba adecuadamente las actividades intermedias de la producción. El resultado era confusión y retrasos. El programa de las veinte claves reduce significativamente los retrasos en las entregas transformando la programación de la producción en un sistema que también controla los programas de recepciones y transacciones internas y utiliza un sistema de rastreo.

NIVEL UNO

- Las entregas se retrasan rutinariamente.

La fábrica de nivel uno vive en un estado de confusión. El director de producción recibe presiones severas de todas partes. Por un lado,

197

los operarios no saben nunca lo que hay que hacer precisamente porque el director de producción está constantemente rearreglando las prioridades —diciéndoles primero que aceleren una orden y luego otra. Por otro lado, están los clientes, siempre importunados por los retrasos rutinarios en las entregas y, por tanto, exigiendo constantemente que sus trabajos se aceleren. Las prioridades están en un estado de desorden permanente y el director de producción se siente más y más desamparado.

Aunque pueda parecer extremado, muchas fábricas han caido en condiciones casi lastimosas como esas. Estas fábricas utilizan el método de libros tradicional para intentar controlar el programa y la producción del equipo complicado. Como los métodos de registro enfatizan solamente los programas de cantidades y entregas, son inadecuados para la elevada competencia actual.

Acción correctiva para pasar al nivel dos

- Prepare un panel de comienzo/terminación para programación y utilícelo para programar pedidos conforme se reciben.
- Las órdenes enviadas a la planta deben seguirse y controlarse a través de toda la fábrica.

La acción más importante a tomar para pasar al nivel dos es construir un panel de programación y colocarlo en la propia planta. Fecha de la orden, fecha de comienzo, fecha de terminación y tipo de producto son datos que deben mostrarse claramente.

Por supuesto, la sola colocación de un panel no es suficiente para crear una mejora. Los mandos intermedios o directores de producción

deben también mantener reuniones de seguimiento de la producción diarias o semanales para verificar el progreso del trabajo a través de los procesos y recomendar los ajustes necesarios. Deben establecerse varios puntos de chequeo en la fábrica de forma que el progreso a través de dichos puntos pueda registrarse en el gráfico del panel y utilizarse como medio de rastreo. A través de este sistema y de otros podrá proyectar ajustar la fábrica a las necesidades específicas, y los trabajadores de producción conocerán cuáles son las prioridades corrientes y cuál es el trabajo siguiente a hacer. Sin tales sistemas, pueden permanecer ociosos mientras esperan instrucciones, o trabajar en elementos de baja prioridad.

Puntos importantes e ideas útiles

- Empiece a controlar el comienzo de las órdenes para permitir un plazo de ejecución adecuado.

NIVEL DOS

- Ocasionalmente se retrasan órdenes.
- La fábrica utiliza programas mensuales.

La fábrica de nivel dos, programa el comienzo de todas sus órdenes y sigue el progreso de los trabajos a través de la fábrica. Como resultado, la tasa de retrasos en los plazos se ha reducido dramáticamente. Desafortunadamente, la fábrica no ha tenido éxito en su eliminación completa. Los retrasos ocasionales en las entregas ocurren usualmente porque los programas no han considerado con precisión las capacidades reales de la fábrica y, por tanto, a veces se producen sobrecargas.

La dirección de la fábrica de nivel dos aún piensa en términos de programas periódicos o mensuales. A menudo, la fuerza de ventas tiene programas de ventas mensuales, que se reflejan en programas mensuales de producción que deben cumplirse a cualquier precio. A menudo, el coste es demasiado alto —caos al final del mes para sacar el último conjunto de unidades necesarias para cumplir el programa.

Acción correctiva para pasar al nivel tres

- Para todos los productos, preparar gráficos escritos de flujo de procesos que empiecen por la preparación de primeras materias y terminen con el producto final.

● Utilizar un sistema de seguimiento.

Para lograr la eficiencia óptima, debe controlar todos los procesos, desde la preparación de las primeras materias hasta completar el producto final. Deben estandarizarse y publicarse las rutas de flujo de procesos de cada producto y considerarse cuidadosamente los muchos pasos de producción. En vez de un programa mensual, deben establecerse y exponerse públicamente las tasas o ratios de producción. Las rutas de flujo de procesos publicadas deben incluir todos los pasos desde las primeras materias hasta el producto acabado. Deben también incluir el estándar o cantidad media de tiempo que el stock debe permanecer en cada estación para proceso de forma que los programas de proceso estándares puedan calcularse y seguirse.

Los mandos intermedios y trabajadores de la fábrica deben formular y fijar en tableros las «asignaciones de hoy» y las «asignaciones de mañana» (véase clave 10) de acuerdo con las tasas de fabricación deseadas y el gráfico de programación.

Puntos importantes e ideas útiles

● Reemplazar los programas mensuales por estándares de producción diaria media.

NIVEL TRES

● Incluso cuando se retrasan algunos productos, se hacen arreglos con el cliente para minimizar los peores efectos.

Las entregas en la fábrica de nivel tres se controlan hasta el punto de que cuando ocurren problemas, pueden reordenarse las cosas para minimizar las dificultades del cliente. Por ejemplo, si una pieza vital del equipo se avería, retrasando la entrega de una pieza a la fábrica del cliente, pueden hacerse negociaciones para entregar otra pieza (hecha con una máquina diferente) de forma que la línea del cliente pueda trabajar en un producto diferente mientras espera el componente retrasado. De este modo, el fabricante y el cliente trabajan juntos para minimizar el impacto de las entregas retrasadas.

No podemos dejar de decir que esta clase de atención especial a los problemas del cliente causados por retrasos en la entrega, es práctica solamente cuando las entregas retrasadas son la excepción y no la regla.

En las fábricas de nivel tres, los retrasos en las entregas no son causados por factores distintos a los fallos en los equipos (véase clave 9 para acción correctiva) y retrasos en entregas de suministradores(véase clave 12). Cuando el problema es un fallo del equipo, los trabajadores que arreglan el equipo pueden decir usualmente cuando estará en condiciones operativas de nuevo. Esta información se pasa al cliente cuando se hacen arreglos alternativos. También se asegura al cliente que la causa de la avería será eliminada (clave 9), de forma que no se le perjudique de nuevo.

Los directores de una fábrica de nivel tres reconocen la necesidad de introducir algunas holguras de tiempo en el sistema, programando ligeramente por debajo de la capacidad de producción o, alternativamente, permitiendo alguna reserva de capacidad en los equipos. Conforme progresa la compañía en todas las claves del sistema PPORF, disminuirá la cantidad de holgura requerida.

Acción correctiva para pasar al nivel cuatro

- Estimar el número estándar de pasos de proceso en cada proceso de fabricación (cada tipo de producto).
- Antes de hacer planes, verifique las cantidades de fabricación y las tasas de eficiencia de cada estación para asegurar que están en perfecta correspondencia.
- Rastree el progreso de las mejoras de eficiencia en cada estación.

Incluso fábricas que han hecho planes detallados para el control de la fabricación, ocasionalmente sobreestiman o infraestiman la capacidad en una o más estaciones. En estos casos, es útil estimar el número total de pasos de proceso en cada uno de los procesos de fabricación, determinar la cantidad total de trabajo a hacer en cada estación, determinar la eficiencia de cada estación, y entonces hacer el plan final de fabricación.

Para mantener la carga de trabajo en línea con las capacidades reales de la fábrica, debe observar estrechamente las mejoras que se están haciendo en cada estación y reestimar la capacidad de la estación después de cada mejora. Las mejoras de la eficiencia en una fábrica son inútiles a menos que resulten realmente en un ahorro de dinero.

Finalmente, manténgase alerta sobre los factores que a menudo perturban el sistema de control de la producción de una fábrica. Estos factores incluyen los fallos del equipo, la expansión de la gama de productos dentro de un grupo de producción, las mejoras en la tecnología de cambio rápido de útiles, etc.

Puntos importantes e ideas útiles

- Comience a acoplar los procesos de fabricación (clave 8).
- Asegúrese de que el resto de las 20 claves están como mínimo en el nivel tres.

NIVEL CUATRO

- De algún modo todas las entregas se hacen en plazo.

La fábrica de nivel cuatro gestiona que todas sus entregas a clientes se hagan sin retraso. Como el concepto «el proceso siguiente es el cliente» prevalece por toda la fábrica, las «entregas» a los procesos siguientes se hacen también en plazo.

Superficialmente parece como si la fábrica de nivel cuatro hubiese resuelto sus problemas de programación. Sin embargo, cuando se observa más de cerca, se encuentra que ciertos grupos de fábrica realizan gran cantidad de horas extraordinarias para cumplir los programas de entrega. En otros puntos de la fábrica de nivel cuatro hay grupos que trabajan con tiempo excedente y permanecen ociosos. La dirección de la fábrica de nivel cuatro es usualmente consciente de la necesidad de dar fluidez al programa de producción para eliminar estos extremos despilfarradores.

Por el tiempo en el que la fábrica ha alcanzado el nivel cuatro, se han reducido considerablemente los fallos de los equipos (a través de la clave 9) pero no se han eliminado completamente. En este punto, cada trabajador individual puede no estar aún manejando múltiples unidades de equipo. El adiestramiento en múltiples tareas, que permitiría a la dirección reasignar a los trabajadores en respuesta a los cambios de programa, está aún probablemente en una fase rudimentaria. La fábrica de nivel cuatro tiene aún un amplio espacio de mejora.

Acción correctiva para pasar al nivel cinco

- Fijar prioridades para cada estación.
- Considerar programa, eficiencia, y cuestiones de calidad cuando se plantee aceptar trabajos urgentes.

Por supuesto, la meta es ser capaz de hacer entregas según programa fácilmente, sin necesitar una plantilla de personal excesivamente grande. Para lograr esto, debe asegurar que el equipo no se averiará

o producirá defectos, y que la fuerza laboral tiene habilidades diversificadas de forma que puede redistribuirse para resolver los cambios de necesidades y los pedidos de emergencia. También necesita desarrollar proveedores que tengan las calidades de fabricación que les permiten entregar en plazo y sin defectos en todo tiempo.

Algunos directores encuentran útiles a los ordenadores personales para ayudarles a fluidificar los niveles de trabajo de producción y asegurar un flujo nivelado entre estación y estación.

La reducción del stock y la eliminación de los trabajos rehechos debe simplificar las líneas de fabricación y acortar considerablemente los plazos de entrega. La operación de una fábrica con niveles de stock cero convierte a todas las órdenes en «órdenes urgentes», esto es, todas se están produciendo en el plazo más corto posible. Los trabajos urgentes especiales no requieren en este caso, ninguna reorganización.

Puntos importantes e ideas útiles

* Todas las veinte claves deben estar como mínimo en el nivel cuatro.

NIVEL CINCO

* Todas las entregas se hacen en plazo, sin caos en los últimos minutos.

La fábrica de nivel cinco puede producir la cantidad correcta del producto correcto justo en el tiempo correcto con la cantidad correcta de esfuerzo. Como en esta fase todas las demás claves están como mínimo en el nivel cuatro, el director de producción tiene una excelente base con la que trabajar.

* Se han erradicado los defectos —el mayor enemigo de la eficiencia y de las entregas a tiempo.
* Los trabajadores tienen todos adiestramiento en múltiples tareas de forma que el director de producción redistribuye libremente la fuerza del trabajo en respuesta a los cambios en el mercado.
* Se han desarrollado los proveedores de forma que entregan exactamente el producto correcto en la cantidad correcta y en el plazo convenido.

- El stock es bajo.
- La calidad es elevada.

La fábrica es ahora capaz de satisfacer las demandas de los clientes en términos de calidad y programas de entrega, sin entregas retrasadas y sin trabajos frenéticos de última hora.

Estado actual		puntos
Meta uno		puntos
Meta dos		puntos

Clave 17
Control de la eficiencia

Incluso si un director de planta proyecta cientos de modos de mejorar la productividad en la fábrica, los trabajadores no podrán entusiasmarse sobre la elevación de la productividad si no sienten que sus esfuerzos individuales para aumentar dicha productividad se observan y aprecian. Para optimizar la productividad de la fábrica y utilizar en todo su potencial los recursos de sus trabajadores, debe preparar un sistema de control o evaluación de la eficiencia claramente inteligible que muestre a los empleados los efectos de sus esfuerzos.

Un sistema de control de la eficiencia compara el estándar de tiempo para un proceso con el tiempo real invertido e informa de la eficiencia por medio de un porcentaje. Un sistema de control de la eficiencia apropiado le permite lograr metas relacionadas con la eficiencia. Puede fácilmente obtener datos importantes tales como cuántas unidades pueden producirse en una hora o en una hora de trabajo de personal, cuántos minutos toma producir una unidad, qué efectos tendrán realmente en el sistema diferentes mejoras, etc.

Aunque es posible dar a los trabajadores de producción una estimación aproximada de su impacto en las operaciones informándoles de los niveles de venta de los productos que fabrican y del efecto de esas ventas en los estados financieros de la compañía, la mayoría de los trabajadores de fábrica no están interesados en el aspecto final de los negocios.

Los trabajadores de producción generalmente desean una medición más directa de sus esfuerzos de mejora en vez de algunos números procedentes del departamento de ventas. Necesitan un sistema que les muestre los efectos directos de sus propios esfuerzos; de otro modo perderán toda la motivación para mejorar la fábrica. El sistema de control de la eficiencia es un método eficaz para proporcionarles una retroacción directa de datos de resultados de sus esfuerzos.

NIVEL UNO

- Se utilizan informes de «control de la eficiencia» indirectos.

La fábrica de nivel uno puede pensar que tiene un sistema de control de la eficiencia, pero realmente no es así. En este tipo de compañía, el control de la eficiencia se confunde con la dirección de objetivos. Por ejemplo, la dirección puede fijar una meta consistente en entregar un cierto tonelaje de fundición o una cierta cantidad de artículos por empleado, y entonces tomar los ingresos por ventas como indicativo de «el valor aportado por cada empleado este mes es xxx dinero».

Aunque las cifras de ventas son un buen indicador del cumplimiento de los objetivos financieros —el incremento de ingresos es usualmente una buena señal— los estados financieros no reflejan necesariamente el nivel de eficiencia de la planta. Una tonelada de fundición incluirá elementos que son intensivos en tarea personal y otros que no lo son. Los flujos de ingresos de ventas a corto plazo procedentes de diversos tipos de elementos están más bajo el control del personal de ventas y por el mix de la demanda de los diversos tipos que por los esfuerzos de mejora de los trabajadores de primera línea. Los trabajadores encuentran esta clase de estadísticas menos interesantes que las mediciones más directas.

Cuando los trabajadores escuchan exclusivamente estadísticas que parecen no guardar relación alguna con sus esfuerzos, se vuelven naturalmente apáticos, y alimentan el sentimiento de que ya lo están haciendo suficientemente bien. Un gran número de fábricas tienen este estado de cosas.

Acción correctiva para pasar al nivel dos

- Como es difícil contar el número de pasos de procesos en los casos de fabricación con alta diversidad/bajo volumen, dividir los productos en grupos de producto y estimar el número de pasos de fabricación por grupo.

Una simple evaluación del volumen de producción es una medida mediocre de la eficiencia o productividad porque la cantidad de trabajo requerida para producir una unidad difiere para cada producto involucrado. Un sistema de control de la eficiencia más válido sigue el rastro de la cantidad de trabajo que lleva producir un elemento en vez de rastrear el número total de elementos producidos en la fábrica.

Desafortunadamente, muchas fábricas de hoy producen muchas clases de productos diferentes con diversos niveles de trabajo involucrado. La mayoría de las fábricas tienen tantos productos diferentes que no es económicamente factible rastrear los costes o el contenido de trabajo de cada producto individual. En la mayoría de las fábricas, es más práctico dividir el producto ofertado en grupos o familias con un contenido de trabajo similar, y entonces rastrear la mejora de la eficiencia en términos de contenido de trabajo o el número de pasos de proceso dentro de los grupos.

Puntos importantes e ideas útiles

● Controlar la eficiencia dentro de familias de producto en vez de para cada producto individual.

● Distinguir y clasificar para formar familias de productos según el número de pasos de proceso o el tipo de proceso, no por el uso o la apariencia del producto.

NIVEL DOS

● Los productos se dividen en familias.
● Se calcula para cada familia el contenido de trabajo estándar.
● Se utilizan los niveles de producción de cada familia para determinar la eficiencia del trabajo en la fábrica.

La fábrica de nivel dos no mide la eficiencia en términos del número de unidades producidas, en vez de esto, divide los productos en grupos y considera el número producido en cada grupo.

La fábrica de la ilustración divide sus productos en los grupos A, B, C, y D y relaciona los contenidos de trabajo estándares en un gráfico diario. El trabajo total esperado por el día se calcula multiplicando el contenido de trabajo estándar de cada familia por el número de unidades a producir en cada grupo, sumando entonces el total. La fábrica de nivel dos utiliza un sistema tal como éste para decidir los requerimientos y asignaciones de trabajo.

Aunque la fábrica de nivel dos tiene éxito dividiendo sus productos en unos pocos grupos, algunas fábricas llevan demasiado lejos el concepto de «contenido de trabajo estándar». Si intenta dictar las actividades de cada día estrictamente en términos de contenidos estándares de trabajo, los trabajadores se quejarán y la eficiencia descenderá porque tendrá que desplazarse al personal demasiado a menudo. Por esta razón, el contenido de trabajo estándar es un método relativamente mediocre para asignar el trabajo diario en todos los sistemas menos los de seguimiento del contenido de trabajo más avanzados.

Acción correctiva para pasar al nivel tres

● Decidir los tiempos estándares de cada proceso.
● Comparar los tiempos estándares con los tiempos actuales.

Cuando intente ejercer el control de la eficiencia, es importante determinar primero un tiempo de trabajo estándar para cada proceso. Muchas compañías pueden utilizar, para el caso que nos ocupa, el mismo método que utilizan para calcular el valor del trabajo. El tiempo de proceso estándar es la cantidad de tiempo que toma a un empleado experimentado que posee todas las destrezas necesarias para operar el proceso con un apropiado nivel de esfuerzo bajo condiciones de trabajo normales.

La mayoría de las compañías utilizan para estimar los tiempos de trabajo el Factor-Trabajo (WF), el método de Mediciones de Tiempo (MTM), o el Sistema de Ordenación Modular de Tiempos Predeterminados (MODAPTS). Sin embargo, muchas otras compañías utilizan solamente un cronómetro para medir el tiempo de proceso actual y calculan los tiempos estándares a partir de muestras de trabajo actual.

El «tiempo actual» es una medición directa del tiempo total invertido en una actividad de fabricación. En los casos en los que los trabajadores se desplazan de un proyecto a otro, pueden registrar sus tiempos en cada proyecto o incluso marcar en alguna clase de sistema simple de recogida de datos. En los proyectos en los que los trabajadores están dedicados a una sola estación, las unidades por día de la estación de trabajo pueden ser la base del cálculo.

Puntos importantes e ideas útiles

- Determinar un método para calcular el valor del tiempo que los empleados gastan en el trabajo.
- Conforme progrese la fábrica en las veinte claves, hay que esperar que las evaluaciones de la eficiencia suban por encima del 100 por 100. (Las mejoras aumentarán la productividad y harán la eficiencia más o mucho más alta de lo que era el estándar. Cuando esto ocurre, es el momento de calcular un nuevo estándar.)

NIVEL TRES

- Ha comenzado el control de la eficiencia en varias estaciones/procesos.
- El contenido de trabajo se asigna en términos de unidades de trabajo fundamentales (horas de trabajo estándar).

La fábrica de nivel tres ha determinado tiempos de trabajo estándar para cada operación, tiene un sistema para medir tiempos de trabajo reales, y utiliza esos números para realizar el control de la eficiencia de cada operación.

Utilizando el sistema de control de la eficiencia y auditorías mensuales de eficiencia, los individuos o grupos pueden ahora fijar metas cuantitativas específicas para mejorar la eficiencia. Por ejemplo, «este mes elevaré mi evaluación de la eficiencia hasta un 100 por 100». Las valoraciones de la eficiencia han llegado a ser un indicador excelente de los niveles de esfuerzo. Los esfuerzos de los individuos y grupos afectan directamente a las evaluaciones de forma que los empleados pueden sentir que sus esfuerzos se notan y aprecian. Los trabajadores sienten usualmente fuertes estímulos en su motivación cuando se implanta este sistema. La cuantificación de los efectos del trabajo superior induce un nivel de orgullo en el personal que es casi imposible obtener con otros sistemas.

El sistema en la fábrica de nivel tres permite que la dirección calcule la cantidad de trabajo actual realizable de diferentes modos. Esto a su vez, facilita que la dirección nivele las cargas de trabajo mensuales o diarias·y racionalice el sistema de programación. Por ejemplo, si el programa de un día requiere menos trabajo que la media, se puede considerar trasladar algo de la carga del día siguiente.

Acción correctiva para pasar al nivel cuatro

- Se realiza en todas las operaciones el control de la eficiencia.

El siguiente paso en la lógica progresión del control de la eficiencia es implantar éste en todas las operaciones. Esto requiere determinar los estándares y tiempos actuales de trabajo de todas ellas. Por supuesto, el método para determinar el tiempo estándar será distinto para diferentes tipos de operaciones. Por ejemplo, en el trabajo de producción en masa repetitiva, donde los ciclos de tiempo se miden en segundos, la mayoría de las fábricas estiman los tiempos de trabajo utilizando el sistema PMTS. En los procesos de fabricación continua repetitiva con tiempos de ciclo medidos en minutos, la utilización de un cronómetro simple es el método elegible para determinar los tiempos de trabajo estándar.

En el trabajo sobre elementos tales como órdenes especiales y prototipos, el tiempo de trabajo «estándar» es de estimación más difícil que en los procesos repetitivos. Pero los procesos utilizados para fabricar esta clase de órdenes son generalmente similares a los procesos empleados para fabricar artículos estándares. La experiencia con los artículos estándares debe permitir hacer estimaciones aproximadas, aunque utilizables, de los tiempos de trabajo estándares de estos productos inusuales. Una vez que los tiempos de trabajó actuales se han tomado incluso para las órdenes inusuales, la fábrica entera estará con control de la eficiencia.

Con la fábrica entera bajo control de la eficiencia, se conoce el contenido de trabajo de todos los productos. Esto proporciona los datos necesarios para tomar decisiones racionales, basadas cuantitativamente sobre contratación de personal temporal, distribución de la fuerza laboral, programar la producción, subcontratar, etc.

NIVEL CUATRO

- Se hacen para cada operación evaluaciones de eficiencia de grupo o personales.

Los empleados de la fábrica de nivel cuatro desean lograr elevaciones de la productividad y alcanzar las metas de eficiencia. Las paredes de los despachos de los directores de primera línea y de las estaciones de trabajo están cubiertas con gráficos que muestran la eficiencia actual de las estaciones, y líneas inclinadas hacia arriba que muestran los incrementos de eficiencia que se intentan.

En la fábrica de nivel cuatro, los grupos e individuos siguen la pista de sus contribuciones a la productividad de la fábrica. Los efectos de los esfuerzos de grupos e individuos son aparentes con una ojeada al gráfico de eficiencia. Los directores utilizan también los gráficos para verificar la motivación de los grupos. Los grupos que establecen y logran metas elevadas de mejora de la eficiencia tienden a estar mucho más motivados que los que planean solamente mejoras moderadas. Observando los gráficos. los directores conocen las auto-expectativas de los grupos y, por tanto, saben donde ejercer acción para mantener un alto nivel de entusiasmo.

Acción correctiva para pasar al nivel cinco

- Hay una mejora continua en la habilidad para lograr metas de eficiencia.
- Las cargas de trabajo de los diferentes equipos se reajustan continuamente.
- Se revisan continuamente los tiempos estándares de trabajo.

Esta era de diversificación de la producción está marcada por el constante y rápido cambio de los productos y fábricas. Nuevos productos, nuevas tecnologías y nuevas metodologías de fabricación se están introduciendo constantemente en las fábricas existentes. Aunque estos cambios en los productos y métodos tienen efectos drásticos en los tiempos medios de fabricación, muchas compañías no piensan nunca en revisar sus tiempos estándares de trabajo para que se adecúen a las cambiadas metodologías. Incluso si el tiempo estándar de trabajo de un proceso particular es correcto porque no lo han alterado las nuevas metodologías o avances, el entorno del cambio en sí mismo hace obsoletos a los números viejos al ponerlos en duda porque nadie puede asegurar que continúen siendo válidos. Cuando los trabajadores no creen en los tiempos estándares de trabajo establecidos, el sistema de control de la eficiencia cesa de motivar a las personas. Cuando la dirección deja de confiar en el sistema de control de la eficiencia, no puede utilizarse más para la programación o las decisiones de distribución del personal. Las estimaciones del tiempo de trabajo estándar deben estar continuamente actualizándose y revisándose o perderán todo sentido.

Algunas fábricas caen en una rutina en la que verdaderamente no parece que puedan alcanzar sus metas de mejora de la eficiencia. En estas fábricas las metas son a menudo demasiado elevadas o las cargas de trabajo demasiado severas. Los trabajadores se desaniman porque nunca pueden hacer lo suficiente, y las metas pierden todo significado. Es esencial que los trabajadores mantengan una actitud positiva respecto al logro de las metas mejoradas de eficiencia.

Puntos importante e ideas útiles

● Tenga actualizadas las estadísticas de contenidos de trabajo de forma que se puedan utilizar en la programación de la producción.

NIVEL CINCO

● Se logran siempre las metas de mejora de la eficiencia.
● Las cargas de trabajo y los tiempos estándares de trabajo están siempre actualizados y pueden emplearse en la programación de la producción.

En la fábrica de nivel cinco, los trabajadores tienen la habilidad de satisfacer consistentemente las metas mejoradas de eficiencia. Las cargas de trabajo de los diversos equipos se equilibran fácilmente con el uso de los datos de tiempos estándares de trabajo y tiempos de ciclo, la programación de la producción se hace en base a máquinas individuales, y se han equilibrado los niveles de producción empleando los datos de niveles de trabajo.

Las continuamente cambiantes necesidades de los clientes requieren ajustes constantes en la oferta de productos. La revisión continua de las estimaciones de contenidos de trabajo (tiempos de trabajo estándares), la mejora de la eficiencia a través de las veinte claves, y una apropiada programación basada en las estadísticas de eficiencia, aseguran que los programas de fabricación se cumplan en los plazos deseados con el número de trabajadores más adecuado.

Estado actual _____ puntos

Meta uno _____ puntos

Meta dos _____ puntos

Clave 18

Utilización de microprocesadores

Aunque los microprocesadores multifuncionales basados en circuitos integrados en gran escala se desarrollaron originalmente para uso específico en el proceso de datos, su extrema versatilidad y reciente bajo coste los ha hecho muy populares en muchos otros campos. Ultimamente, el perfil de su uso ha aumentado muy rápidamente desde los ordenadores personales a elementos tales como los televisores en color. En la oficina, los microprocesadores juegan un papel más importante aún en elementos como las máquinas copiadoras, equipos de fax y procesadores de textos.

El papel de los microprocesadores en la industria se ha estado también ampliando rápidamente, especialmente en áreas tales como la conservación de la energía y la automatización. Desde la introducción de los microprocesadores, se ha conocido un rápido desarrollo de la mecatrónica* con el empleo de las máquinas controladas numéricamente (NC). En muchas fábricas, el 50 por 100 de las máquinas están controladas numéricamente.

El microprocesador ha encontrado una amplia aceptación en el mundo industrial. Los robots basados en microprocesadores han dejado recientemente su nicho original en la soldadura y pintura, y se están empleando ahora en tareas más complicadas como el ensamble, que requieren capacidades básicas de toma de decisiones. El desarrollo de tecnología para sensores más sofisticados ampliará la función de los robots y de otros equipos basados en microprocesadores.

El personal de la fábrica debe aprender a utilizar microprocesadores y a estudiarlos de forma que pueda explotar plenamente la tecnología moderna y no quedar rezagados respecto a competidores más preparados tecnológicamente.

---

* «Mecatrónica» es un término acuñado en Japón, combinando «mecánica» y «electrónica». Se utiliza conmúnmente en referencia a equipos automáticos sofisticados que incorporan microprocesdores.—Ed.

NIVEL UNO

● Los microprocesadores se ignoran o desdeñan.

La fabrica de nivel uno es ambivalente o negativa respecto a los microprocesadores y ordenadores en general. La dirección emplea frases como: «Es mejor hacerlo a mano» o «Este es el modo como se ha hecho siempre» como armas frente a la innovación. Los directores que se expresan así no son conscientes de que los microprocesadores invaden todos los aspectos de nuestras vidas. Son incluso componentes vitales de nuestros electrodomésticos. Afortunadamente, los fabricantes de equipos que incorporan microprocesadores han lanzado programas de publicidad tan excelentes que en Japón son raros hoy estos directivos cortos de vista.

No todos los directores de las compañías de nivel uno ignoran los ordenadores. En algunas fábricas de nivel uno puede haber directores que piensan que de alguna forma deben mejorar la eficiencia utilizando los modernos instrumentos electrónicos, pero tienen poca idea sobre cómo hacerlo.

Acción correctiva para pasar el nivel dos

● Aprenda sobre las funciones de los microprocesadores y cómo podrían aplicarse a su fábrica.

El primer paso para explotar los microprocesadores es conseguir una idea general, amplia de dónde y cómo se utilizan en el mundo, y, específicamente bosquejar cómo podría emplearlos dentro de su propia fábrica.

Por ejemplo, en negocios y oficinas los microprocesadores se utilizan en máquinas de escribir, procesadores de textos, fotocopiadoras, cajas registradoras, contadores y cajeros automáticos, ordenadores de oficina, calculadoras, y otros muchos mecanismos. En la industria se emplean en las máquinas dirigidas por control numérico (NC), centros de mecanizado, robots, sistemas de diseño asistido por ordenador y de fabricación asistida por ordenador (CAD/CAM), y sistemas de control del proceso. Otras muchas aplicaciones incluyen los ordenadores personales, el equipo de medida e inspección, y mecanismos de seguridad entre otros.

Para utilizar mejor las capacidades de los microprocesadores en la mejora de la calidad de su fábrica, estudie el uso y funciones de todos estos mecanismos para identificar cuáles de ellos pueden beneficiar su situación particular.

Puntos importantes e ideas útiles

- Los fabricantes de equipos electrónicos y distribuidores patrocinan regularmente exhibiciones y muestras sobre automatización de oficinas. La visita a estas exposiciones/demostraciones puede ser clarificadora.

NIVEL DOS

- Se utilizan los ordenadores personales en aplicaciones simples tales como el cálculo de los presupuestos divisionales.

En la fábrica de nivel dos, los directores de fabricación y el staff pueden seguir la pista del fuel, los materiales y los gastos diversos utilizando ordenadores personales. Por ejemplo, los directores pueden emplear el ordenador personal para seguir las tendencias en los gastos generales y tratar de minimizar los mismos. Pueden usar los ordenadores para vigilar el stock de suministros varios.

Las fábricas de nivel dos utilizan también los ordenadores personales para vigilar automáticamente las tasas de productividad, los salarios y las tasas de carga de trabajo, facilitando así el control del trabajo. Mediante la elaboración de diversos informes financieros, pueden reducir efectivamente el coste de personal indirecto mientras se mejora el sistema de control de las operaciones.

Acción correctiva para pasar el nivel tres

- Entender los mecanismos básicos de los microprocesadores.

Antes de utilizar los microprocesadores para el control de la producción o en mecatrónica, es crucial que un director de proyecto estudie y comprenda los mecanismos en los que se emplean microprocesadores. Los microprocesadores llegan usualmente de los fabricantes de materiales semiconductores en la forma de chips, o de los fabricantes electrónicos en forma de placas. Antes de que estos chips o placas puedan utilizarse de algún modo para mejorar la fábrica, deben diseñarse y crearse el equipo *(hardware)* y programas *(software)*. Es esencial que esto pueda hacerse con facilidad y economía.

Debe pensarse que los microprocesadores no son sino justamente otro mecanismo que los trabajadores deben incorporar a las mejoras y modificaciones de los equipos. Los trabajadores tienen que aprender sobre microprocesadores, igual que aprenden sobre conmutadores, motores y relés. Tienen que recibir educación sobre la utilización de microprocesadores.

Puntos importantes e ideas útiles

- Con un adiestramiento apropiado, los trabajadores pueden utilizar microprocesadores tan fácilmente como usan simples motores.
- No argumentar sobre las limitaciones de capacidad de los trabajadores; incluso trabajadores poco adecuados pueden utilizar microprocesadores si reciben ayuda y directrices.

NIVEL TRES

- Se emplean microprocesadores para el control de la producción.
- La dirección desea ansiosamente utilizar mecatrónica.

La fábrica de nivel tres utiliza ordenadores personales en sus sistema de programación de la producción. Se alimentan en el ordenador las capacidades de equipos y procesos junto con las cargas de trabajo y otros datos, y el ordenador programa las nuevas órdenes y recomienda una distribución del trabajo. Se ha introducido en el ordenador el tablero de programación (véase clave 16), y algunas personas están experimentando con ordenadores como medio de aumentar la eficiencia en otras áreas. La automatización de oficina se utiliza también en la planta para mantener actualizados asuntos tales como las especificaciones y las instrucciones.

Los directores de la fábrica de nivel tres comprenden la clase de progreso que aporta la moderna mecatrónica y están ansiosos de encontrar modos de aplicarla a su propia fábrica para mejorar el proceso de fabricación. La dirección estimula a los trabajadores para que aprendan mecatrónica y se está a punto de comenzar el primer proyecto en esa dirección.

Acción correctiva para pasar al nivel cuatro

- Aprenda sobre sensores y su empleo.

Los conocimientos sobre sensores son vitales para moverse hacia la mecatrónica. Los microprocesadores emplean sensores para recibir la información que se necesita para dirigir apropiadamente la función del equipo. Como comparación al funcionamiento del cuerpo humano, en un sistema mecatrónico el equipo de fabricación es como los brazos y las piernas —hace el trabajo. El microprocesador es como el cerebro —toma las decisiones. Los sensores, como los cinco sentidos, proveen los datos para tomar decisiones. Sin sensores, el sistema mecatrónico sería inútil.

Como la tecnología de sensores está mejorando rápidamente, se debe estudiar constantemente para estar informado. Por ejemplo, muchas compañías han estado utilizando sensores fotoeléctricos para detectar partículas extrañas en las inspecciones de productos. Ultimamente, los sensores fotoeléctricos han reducido considerablemente su tamaño. Esta nueva tecnología compacta abre una amplia gama de nuevas aplicaciones posibles. Con mejoras en las flexibles y delgadas fibras ópticas, que pueden transportar señales ópticas desde localizaciones remotas hasta un sistema sensor localizado centralmente, los sensores ópticos son cada vez de diseño y uso más simple.

Si una fábrica no hace uso de algunos de estos nuevos y relativamente baratos elementos, pronto será dejada atrás.

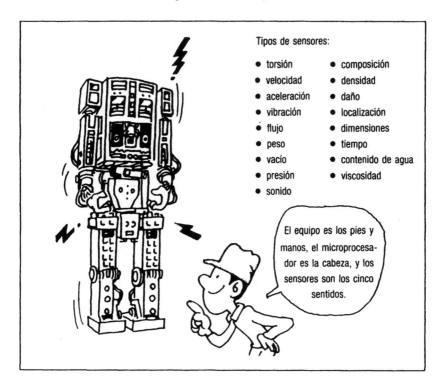

Tipos de sensores:

- torsión
- velocidad
- aceleración
- vibración
- flujo
- peso
- vacío
- presión
- sonido

- composición
- densidad
- daño
- localización
- dimensiones
- tiempo
- contenido de agua
- viscosidad

El equipo es los pies y manos, el microprocesador es la cabeza, y los sensores son los cinco sentidos.

NIVEL CUATRO

- Se emplea mecatrónica en algunos puntos de la fábrica.
- Los microprocesadores se han incorporado a las mejoras de la fábrica.
- La inspección se hace con mecanismos de reconocimiento de parámetros.

La fábrica de nivel cuatro utiliza plenamenta los robots de pintura y soldadura y, hasta cierto grado, emplea robots para carga y descarga en las operaciones de ensamble. Donde se necesita, se ha dotado de sensores a equipos y mecanismos, y la compañía examina introducir inspecciones automatizadas para escrutar cualesquiera defectos que puedan deslizarse a través de otros sistemas.

La fábrica de nivel cuatro tiene un alto nivel de automatización, y los individuos y grupos SGA han incorporado los microprocesadores en sus ideas de mejora. En la programación de la producción se utilizan ordenadores personales, y están en uso algunos elementos de inspección y transporte automáticos. Una aplicación que puede verse en una planta de nivel cuatro es un sistema de reconocimiento de parámetros incorporado en un brazo mecánico dirigido por un microprocesador. Cuando baja por la línea una pieza anómala, el sistema de reconocimiento la descubre y la retira. El microprocesador dirige el brazo que retira el producto. De este modo, la planta ha eliminado el último de sus procesos de monitorización (véase clave 7).

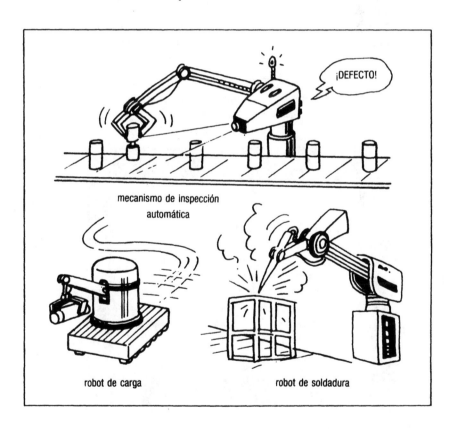

Acción correctiva para pasar al nivel cinco

● Introducir microprocesadores en toda la planta.

En la época en que una fábrica alcanza el nivel cuatro, los microprocesadores se están empleando por toda la fábrica. Para como paso final moverse hacia el nivel cinco, una compañía debe tomar como compromiso incorporar microprocesadores a todos los equipos que puedan hacerse más eficientes con ellos.

Primero, el staff y los trabajadores tienen que conocer y familiarizarse con la gama completa de microprocesadores y mecanismos de automatización, desde las aplicaciones a electrodomésticos, al control de tráfico, la automatización de oficinas, robots sofisticados, sistemas de comunicación y otros. Después deben sentirse comprometidos a utilizar microprocesadores, automatización y las tecnologías de sensores para mejorar la eficiencia rentabilizando cada área de la fábrica. A través de sesiones de «brainstorming» e investigación, es posible diseñar planes para una planta completamente automatizada.

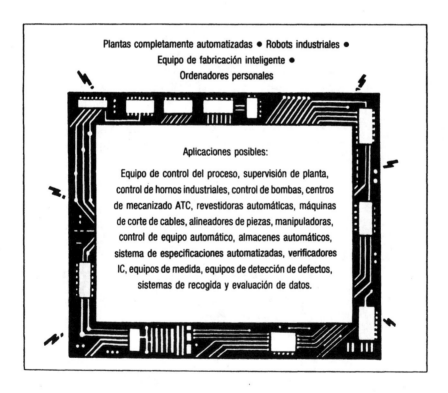

Plantas completamente automatizadas ● Robots industriales ●
Equipo de fabricación inteligente ●
Ordenadores personales

Aplicaciones posibles:

Equipo de control del proceso, supervisión de planta, control de hornos industriales, control de bombas, centros de mecanizado ATC, revestidoras automáticas, máquinas de corte de cables, alineadores de piezas, manipuladoras, control de equipo automático, almacenes automáticos, sistema de especificaciones automatizadas, verificadores IC, equipos de medida, equipos de detección de defectos, sistemas de recogida y evaluación de datos.

NIVEL CINCO

- Los microprocesadores se emplean eficazmente en cada división.

La fábrica de nivel cinco está utilizando eficazmente microprocesadores en todas las divisiones, aproximándose al ideal de la fabricación sin intervención humana. Los ejemplos de fábricas de nivel cinco incluyen las plantas totalmente automatizadas, plantas con robots en cada departamento de fabricación, fábricas que utilizan equipos de fabricación «inteligente» en todas las áreas y fábricas con uso extenso de sistemas de fabricación flexible. La fábrica de nivel cinco utiliza ordenadores personales para la programación «on-line» de la producción así como para la recogida de datos, inspecciones, gestión de stocks y almacenaje automatizados, y otras muchas actividades aparte de la fabricación.

Estado actual		puntos
Meta uno		puntos
Meta dos		puntos

Clave 19

Conservación de energía y materiales

Desde las crisis del petróleo de los años 70, las mayores empresas de todo el mundo han intentado competir en la conservación de la energía y recursos. En ciertas industrias, la supervivencia de algunas empresas depende de su habilidad para ahorrar al máximo en el consumo de energía y otros recursos.

La conservación de energía y otras primeras materias no es necesariamente una tarea difícil. Antes de instalar un nuevo equipo eficiente energéticamente o modificar un equipo para hacerlo más eficiente en el consumo de energía, muchas compañías han conseguido grandes ahorros simplemente pidiendo la plena participación de los empleados en la conservación de la energía y materiales mediante pequeñas medidas. Muchos de nosotros no somos conscientes de las numerosas oportunidades de ahorro de energía que nos rodean.

En un entorno de fabricación, los flujos de productos no son nunca el ideal deseable. En vez de moverse suavemente a lo largo del proceso que hemos dibujado, los productos parecen discurrir constantemente en medio de obstáculos y contratiempos que requieren la atención de trabajadores y directivos. En la presión de los asuntos diarios, temas «poco importantes» como la energía y la conservación de materiales parece que siempre se relegan para mañana, después para la semana siguiente y luego para el próximo mes.

El primer paso en la economización de la energía y los materiales es cuantificar e informar de su coste (como un porcentaje de los costes unitarios totales) a los directores y trabajadores y resaltar la importancia de la conservación. Una vez que ha empezado una campaña de conservación, los grupos SGA pueden seleccionar temas de conservación de la energía y materiales en pequeñas medidas con mejoras simples en el sistema. Cuando el concepto ha calado lo suficiente en directivos y trabajadores, se pueden implantar en la planta las actividades de conservación de energía y materiales.

NIVEL UNO

● Nadie cuida la conservación de energía y materiales.

El mundo de la fabricación es un entorno de tensiones y alta presión. Con los clientes quejándose constantemente sobre los programas de entrega o criticando los niveles de calidad, y la alta dirección empujando para que se aumente la productividad o los niveles de producción, muchos directores de fábrica y empleados sienten que no tienen tiempo para atender a la conservación de la energía y materiales. Esta clase de fábrica es de nivel uno.

Hay muchas fábricas de nivel uno, todas muy ocupadas, con una miríada de otros problemas que exigen tiempo y atención. El hecho de que se ignore la conservación de energía y materiales indica justamente la debilidad de una compañía en lo que se refiere a la calidad de su gestión de fabricación.

Por supuesto, las plantas de fundición y forja, que emplean una gran cantidad de energía y primeras materias, han empezado a hacer programas de conservación como una cuestión de supervivencia. Desafortunadamente, industrias como las de mecanizado de precisión están retrasadas en el desarrollo del deseo de mejorar sus rendimientos. Muchas compañías desperdician enormes cantidades de energía y materiales y no hacen nada para reformar la situación.

Acción correctiva para pasar al nivel dos

● Cuantificar la importancia de la conservación mostrando los costes de materiales y energía como un porcentaje de los costes totales.

En la industria media, el coste de la energía y materiales puede significar un gran porcentaje del coste del producto acabado. Si este es el caso en su industria, muéstreles a todos sus empleados los costes haciéndoles ver los grandes efectos que incluso un nivel moderado de conservación tendría en la rentabilidad.

Una compañía que no ha considerado aún la conservación es una compañía de calidad mediocre, poco competitiva. Si tal compañía no toma medidas para mejorar la calidad de su gestión en la fabricación, no sobrevivirá a los violentos cambios de los niveles de demanda que son de esperar.

El primer paso consiste en asegurar que cada miembro de la compañía es agudamente consciente del desperdicio de energía y materiales y de las posibles consecuencias nefastas de no hacer refor-mas. Toda la compañía debe ponerse en acción.

Puntos importantes e ideas útiles

- Utilizar posters y otros medios de promoción para hacer cons-ciente a cada uno de la necesidad de economizar.
- Organizar un concurso con premios para los mejores eslóganes sobre conservación.

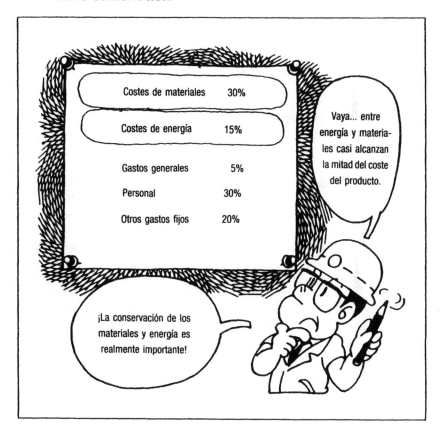

NIVEL DOS

- La promoción en toda la compañía crea reajustes en las acti-tudes.

En la fábrica de nivel dos, todos los trabajadores son conscientes de la necesidad de ahorrar materiales y energía. Los costes de los materiales y energía se han cuantificado y publicitado como un porcentaje del coste total. La campaña de conservación ha tenido éxito promoviendo eventos y comunicaciones en toda la compañía.

En la fábrica de nivel dos, los asuntos de la conservación de la energía y materiales no son solamente un tema común para las actividades de los grupos SGA, sino también un tema de conversación. Los empleados se recuerdan unos a otros la importancia de la conservación. La dirección cree que los empleados comprenden la necesidad de economizar, y hay una sensación de urgencia en el ambiente.

La campaña para conservar la energía y materiales es justamente parte de una campaña más amplia para erradicar el desperdicio en toda la compañía, una campaña que incluye también las metas de eliminar defectos y esfuerzos desperdiciados.

Acción correctica para pasar al nivel tres

* Primero, hacer lo obvio.

En esta época, un activo programa de promoción mantiene a los empleados conscientes de la necesidad de conservar los recursos de materiales y energía, y los grupos SGA han empezado algunos proyectos de mejora de la eficiencia de la conservación. Es el punto en que los empleados se preguntan dónde se encuentra la mejor oportunidad para arrancar.

El mejor punto para arrancar es el entorno inmediato de cada uno. Las cosas simples, obvias tales como apagar las luces durante el período del almuerzo o utilizar lapiceros y gomas hasta su desgaste total tienen un efecto sorprendente. Incluso retirar algunas bombillas de áreas que no necesitan una iluminación perfecta puede ahorrar cantidades significativas de energía. Una compañía retiró el 50 por 100 de las luces de un pasillo particular (un tubo fluorescente de cada elemento con dos tubos), sin decrecimiento funcional en la iluminación, con el consiguiente ahorro del 50 por 100 en la energía y costes de reposición de tubos.

Es importante estudiar el uso de la energía en la planta e investigar modos de utilizar más frugalmente la energía y materiales. Puede ser muy útil para aprender cómo conservar energía, visitar fábricas que operan con un equipo similar y ya han comenzado con programas de conservación.

Puntos importantes e ideas útiles

- —¡Estudiar! El conocimiento es la clave del éxito.
- —Recordar que los pequeños ahorros se acumulan.

NIVEL TRES

- Se han hecho mejoras de economías parciales.

En la fábrica de nivel tres, algunos grupos SGA han tenido éxito implantando mejoras económicas. Las mejoras son aún rudimentarias, pero tangibles. Hay esfuerzos dispersos de conservación de energía y materiales, pero no en una base orquestada, global.

Algunos ejemplos de mejoras simples típicas de una fábrica de nivel tres, puede verlas en un taller de forja durante una visita. Cada vez que se abrían las bocas de la forja, se escapaba el calor por la sala

y se desperdiciaba. Los trabajadores calcularon las dimensiones máximas de las piezas frías (que entraban en el horno) y las piezas calientes (retiradas del horno), y la apertura mínima necesaria en la forja para la tarea. Modificaron entonces la forja para minimizar el calor perdido en la fábrica. Como la temperatura interna de la forja descendía también durante el cambio del martillo de forja, el grupo empezó a emplear también métodos de cambio rápidos del útil para acortar el tiempo que tomaba esa operación. En consecuencia, pudieron elevar simultáneamente la tasa de uso de forja y reducir el consumo de energía por unidad de peso de producto. Reduciendo el espesor del arco de fuego aumentaron también su rendimiento.

Acción correctiva para pasar al nivel cuatro

- Fijar metas de conservación seccionales o generales.
- Plena utilización de la tecnología existente para reducir el consumo de energía y materiales.

Para pasar al nivel cuatro, debe progresar desde los proyectos de conservación dispersos por aquí y por allí a un enfoque coherente global de economía de la energía y materiales. Tienen que establecerse metas definidas, tales como cortar el consumo de energía en un 20 por 100 y elevar el rendimiento en un 10 por 100, y el progreso hacia esas metas debe vigilarse en un gráfico mensual.

El movimiento de conservación de la energía y materiales debe ir más allá de la participación exclusiva de los grupos SGA. Debe incluir especialistas de equipos que investiguen equipos nuevos o modificados para conservar recursos y gestionen el presupuesto de los gastos necesarios. El programa debe incluir a toda la organización.

Por supuesto, acortar los procesos es un modo de ahorrar dinero, Reexamine el flujo del proceso para ver si hay algún modo de eliminar pasos de proceso o acortar otros.

Puntos importantes e ideas útiles

- Asegure que sean cuantificables las metas secionales o globales.

NIVEL CUATRO

- La compañía tiene una estrategia de conservación global y se han hecho algunas mejoras en la fábrica como resultado de esa estrategia.

En la fábrica de nivel tres, las mejoras que ahorran energía o materiales se gestionan por los grupos SGA u operarios directos, por lo que se trata fundamentalmente de proyectos más bien simples o baratos de carácter subjetivo. Por contraste, la fábrica de nivel cuatro tiene una estrategia integrada para reducir el consumo de energía y materiales; puede ponderar los méritos de diversos proyectos de conservación a la vista del «cuadro global». Cuando es apropiado, la compañía de nivel cuatro puede justificar y presupuestar grandes gastos para la modificación del equipo —a veces sumas mayores que el coste original del equipo— para hacerlo más eficiente en cuanto a energía y materiales.

Algunos ejemplos de los tipos de modificaciones que se hacen en una fábrica de nivel cuatro incluyen forrar el exterior de hornos con losas cerámicas para evitar los escapes de calor, y emplear intercambiadores de calor para utilizar la evacuación de la combustión para calentar el aire secundario que se introduce en la cámara de combustión. La fábrica de nivel cuatro tiene planes sustanciales de modificación de equipos en progreso sobre una base global.

La fábrica de nivel cuatro ha experimentado un gran incremento en el rendimiento de los materiales y tiene sistemas para aprovechar los recortes y desechos para fabricar productos.

Acción correctiva para pasar al nivel cinco

- Practique la conservación en todas las áreas, en pequeña y gran escala.
- Desarrolle nueva tecnología para ahorrar energía y materiales.

Por el tiempo en que está ya en el nivel cuatro, ha agotado las mejoras posibles en la conservación que utilizan solamente la tecnología existente y ha alcanzado el límite de las mejoras que pueden inspirar las visitas a otras fábricas. Para progresar adicionalmente debe ampliar los horizontes de su fábrica desarrollando e implantando nuevas tecnologías economizadoras.

Un ejemplo de nuevas tecnologías para economizar energía lo ofrece la utilización de los automóviles. Aunque hablando estrictamente este no es un ejemplo propiamente industrial, los diseñadores de automóviles están empleando microprocesadores para controlar la alimentación de combustible y aire e incrementar la eficiencia del consumo del motor. Aplicada a la fabricación, esta es la clase de innovación que le ayudará a elevar el nivel de su fábrica del cuatro al cinco.

Puntos importantes e ideas útiles

- Desarrollar nueva tecnología.

NIVEL CINCO

- Cumplir satisfactoriamente las metas de conservación mientras se estudia activamente nueva tecnología.

La fábrica de nivel cinco ha cubierto todos sus objetivos de conservación de energía y materiales, y está desarrollando e implantando tecnologías de conservación innovativas. Por ejemplo, una fábrica de nivel cinco construye aletas rotativas y turbocompresores. En vez de emplear caras aleaciones resistentes al calor para las aletas completas, esta fábrica investigó la posibilidad de utilizar aleaciones resistentes al calor solamente en las partes expuestas a un calor extremo, mientras se utilizaría acero regular en las áreas más frías tales como el árbol. Las piezas se sueldan mediante un rayo de electrones.

Estado actual [ ] puntos

Meta uno [ ] puntos

Meta dos [ ] puntos

Clave 20
Capacidad tecnológica

La capacidad tecnológica la constituye el conjunto de destrezas, «know-how», y mecanismos que una fábrica particular o área de una fábrica ha adquirido durante el desarrollo de los procesos de fabricación y las actividades de mejora. La capacidad tecnológica no se incrementa simplemente por la introducción de un nuevo equipo. Más bien se acumula durante la lucha para que el nuevo equipo fabrique eficientemente productos en un corto período de tiempo y con el ajuste entre operario y máquina, no sin duro esfuerzo, que hace del nuevo equipo un componente estratégico en la posición competitiva de la institución.

Recientemente, están siendo extremadamente cortos los ciclos de vida de los productos y la fabricación comparados con lo que eran hace pocos años. Quizá lo más esencial de la capacidad tecnológica sea la habilidad para cambiar rápidamente hacia un nuevo producto cuando falla la demanda de un producto viejo. Sin embargo, como la capacidad tecnológica está intrínsecamente conectada a factores humanos —las personas son las verdaderas poseedoras de la tecnología— es absolutamente esencial diseñar un sistema para pasar la capacidad tecnológica de una generación de trabajadores, directores y técnicos a la siguiente. En cada caso, la tecnología debe mejorarse de nuevo antes de pasarse a otra generación, con cada generación añadiendo y refinando tecnología. La competitividad duradera no aparece usualmente de la noche a la mañana —se desarrolla gradualmente en las sucesivas generaciones.

Virtualmente todas las compañías contemplan su futuro ligado a la tecnología avanzada, especialmente a los circuitos integrados en gran escala y la mecatrónica. El ascenso y caida de las empresas especialmente en las industrias en evolución, están determinados principalmente por su habilidad para adoptar y explotar nuevas tecnologías. La capacidad tecnológica existente y la nueva tecnología deben tejerse juntas para fabricar un fuerte tejido. A menudo, la resistencia de la capacidad tecnológica podrá valorarse por la velocidad con la que incorpora nuevas tecnologías para fortalecer el conjunto.

NIVEL UNO

- No hay interés por el progreso de otros componentes de la industria.
- El personal de la fábrica está contento con la corriente capacidad tecnológica.

Ocurre lo mismo en cualquier fábrica —el personal está orgulloso de que su capacidad tecnológica le haya conducido al éxito hasta el punto en que está, y se apoyan en esta fé y en su capacidad tecnológica para estimular a los demás empleados sobre los éxitos futuros. Engañada por este sentimiento de orgullo, la fábrica de nivel uno ignora el progreso de la industria que le rodea, como una ostra con su cabeza dentro de la arena.

A pesar de su orgullo por sus propios éxitos y de su capacidad tecnológica, todas las compañías necesitan preguntarse algunas cuestiones arduas: ¿mantiene el ritmo nuestra capacidad tecnológica con el resto de la industria? ¿Se está retrasando nuestra fábrica? ¿Aumentaremos o declinaremos en el futuro, y porqué?

La fábrica de nivel uno no escruta la industria de alrededor y ha caído en un estado de estancamiento —un estado muy precario en estos tiempos rápidamente cambiantes.

NIVEL DOS

- La compañía se ve a sí misma como estando un paso por detrás de la industria, faltándole habilidad para asimilar nueva tecnología.

Si consideramos esas compañías que, a pesar de su interés en los asuntos de la industria en su conjunto, han dejado de ser tecnológicamente competitivas y están claramente en peligro de caer bajo el dominio tecnológico del resto de la industria, es difícil establecer fiablemente cuando una compañía o fábrica es consciente de que está ligeramente detrás de la indusria, o se ve a sí misma como que le falta la habilidad para asimilar nuevas tecnologías con rapidez y eficacia. La compañía de nivel dos siente la urgente necesidad de mejorar su capacidad tecnológica y desarrollar tecnologías avanzadas.

Típicamente, una compañía que se ve a sí misma como de nivel dos y tiene el deseo de mejorar hasta el nivel tres ya ha tomado pasos en información, educación y diligencia para progresar hasta el siguiente nivel, de forma que las compañías no permanecen en el nivel dos durante muchos tiempo.

NIVEL TRES

- La fábrica está aproximadamente en el nivel del resto de la industria.

En el nivel tres su fábrica está aproximadamente a la par con el resto de la industria en cuanto a capacidad tecnológica (incluyendo la habilidad para asimilar rápidamente la tecnología avanzada) y emplea nuevas tecnologías. La mayoría de las compañías se evalúan a sí mismas como de nivel tres. Esto es desafortunado, porque generalmente indica que la dirección siente complacencia sobre su nivel de tecnología corriente y cree que su asimilación de tecnología es adecuada para mantener su nivel en el mercado. «Si nos mantenemos haciéndolo como ya lo estamos haciendo ahora, todo estará bien», se dicen a sí mismos, y, por tanto, tienen poco deseo de mejora.

Si ha evaluado su fábrica como de nivel tres, vuelva sobre el asunto y prepare una lista detallada sobre cuáles deberían ser las diferencias para que fuese evaluada en los niverles uno o dos, o cuatro o cinco. Haga evaluaciones separadas para su capacidad tecnológica y para la tecnología avanzada. Los resultados pueden ser sorprendentes, y su fábrica puede que no lo esté haciendo tan bien como piensa.

Si, con todo, su fábrica está en el nivel tres, entonces su lista lo mostrará claramente, y también señalará lo que tiene que hacer para pasar al nivel cuatro. Conociendo a fondo las diferencias entre su compañía y una compañía de nivel cuatro, verá claramente las ventajas competitivas de ascender de nivel, y no tendrá el problema de la apatía que es característico de algunas compañías del nivel tres.

NIVEL CUATRO

- La compañía está un paso por delante de la media de la industria, siendo capaz de asimilar sostenidamente nueva tecnología.

La fábrica de nivel cuatro tiene un éxito constante en la asimilación de nuevas tecnologías y parece estar un paso por delante de la media de la industria. Confía en su superioridad tecnológica.

En la fábrica de nivel cuatro es importante mantener las mismas listas sugeridas para las fábricas de nivel tres. Relacione los atributos tecnológicos particulares de su industria referentes a fábricas de todos los niveles de forma que estén claras las posiciones relativas entre compañías y no se produzcan autodecepciones.

Como una elevación de nivel cuatro meramente indica que está haciendo progreso más rápidos que el resto de la industria, los criterios para evaluar su posición cambiarán constantemente. Cada vez que reevalúe su posición, es importante rehacer primero su conjunto de criterios y su sistema de puntuación.

NIVEL CINCO

- La capacidad tecnológica de la compañía está a nivel de líder en la industria.
- Las tecnologías nuevas y las básicas están al límite del liderazgo.

La fábrica de nivel cinco tiene una tecnología verdaderamente superior y una habilidad importante para mantener esa tecnología y asimilar las nuevas. Esta clase de fábrica tiene una elevada confianza en ser un líder tecnológico. Sin embargo, no debe olvidar que está en el nivel cinco porque su tasa de crecimiento tecnológico ha sido más rápida que la del resto de la industria. Demasiada autoconfianza puede conducir a la perdida de la posición de liderazgo. Como un corredor de maratón, no puede permitirse ser complaciente, incluso si está ligeramente por delante del paquete de corredores conforme se acerca a la meta. En este punto, la competencia se hace más fiera y debe luchar más duro para mantener su posición.

Como la tasa de avances tecnológicos puede ser a menudo inesperadamente rápida, es posible que un líder industrial caiga por debajo de la media de la industria en un período de tiempo sorprendentemente corto. Las tecnologías líderes quedan obsoletas rápidamente, de forma que mantener el liderazgo tecnológico (y el nivel cinco) es una batalla que no tiene final.

ESTRATEGIA PARA MANTENER UNA POSICION DE LIDERAZGO

- Prepare un sistema para pasar la capacidad tecnológica de una a otra generación.
- Asegure que cada generación desarrolla adicionalmente la capacidad tecnológica.
- Revolucione la capacidad vigente desarrollando nuevas tecnologías avanzadas.

Como las tecnologías avanzadas y las capacidades de fabricación, se consideran necesariamente como secretos industriales, es imposible evaluar con precisión las posiciones relativas entre compañías. Por otro lado, las medias industriales son relativamente bien conocidas; con la información publicada en los periódicos y revistas de negocios y técnicas, es posible hacer una conjetura razonable o incluso una estimación intuitiva de su competitividad tecnológica. Una vez que ha comprendido su posición competitiva, es esencial derivar un plan para reevaluar constantemente su posición y también asegurar que su capacidad tecnológica pasa de una generación a otra mientras se promueve el desarrollo de nuevas tecnologías avanzadas.

Las mejoras en las tecnologías líderes y en la capacidad tecnológica no son nunca proyectos a corto plazo. Es importante organizar actividades de educación continua con un plan a largo plazo corporativo o de fábrica que incluya proyectos de desarrollos tecnológico.

Estado actual		puntos
Meta uno		puntos
Meta dos		puntos

Notas finales

Utilización del sistema de las veinte claves en su compañía

Este libro ha tratado con las veinte claves individualmente, dando una breve descripción de lo que son y cómo cuantificar su nivel material actual, objetivos y estrategias abreviadas para mejorar en las veinte categorías. Ahora es importante añadir unas pocas notas sobre cómo interactúan sinérgicamente y sobre el orden apropiado en el que deben implantarse.

El PPORF es un sistema práctico para combinar y multiplicar el poder de las veinte claves para que su fábrica produzca artículos de alta calidad más rápidamente, más baratos, y con mayor facilidad. Cualquier compañía puede utilizar el método PPORF para revolucionar su fábrica, doblar la productividad y/o cortar el ciclo de tiempo a la mitad. Es un programa específico, práctico que puede utilizarse por cualquier tipo de organización industrial, sea de producción en masa o tipo «job-shop», o una planta de ensamblaje, o de mecanizado, o de fabricación de materiales.

En el diagrama de relaciones de las veinte claves (véase Introducción), la clave 1 (Limpieza y organización), la clave 2 (Racionalización del sistema/Dirección de objetivos), la clave 3 (Actividades de pequeños grupos), y la clave 20 (Capacidad tecnológica) señalan las cuatro esquinas exteriores. La colocación de estas claves como piedras miliares es para enfatizar su papel como fundamento en el que se apoya el resto del programa PPORF.

La clave 1, Limpieza y Organización —acabar con el desorden que impide una visión clara— es un paso necesario en la evaluación de las operaciones en la planta. Este paso puede empezarse en cualquier momento sin preliminares. El programa PPORF debe empezar enfatizando esta clave. Revise la clave 1 una vez que haya hecho progresos en todas las demás claves y el programa PPORF se acerque a su conclusión.

La clave 2, Racionalización del Sistema/Dirección de Objetivos, es un sistema que los directores y supervisores de la organización pueden utilizar para alinear los vectores de actuación de forma que se integren en una unidad de propósito. Una compañía no puede esperar alcanzar la excelencia sin unidad de propósito. Incluso si planea poner en práctica solamente una versión muy limitada del programa PPORF, recomendamos enfáticamente que incluya esta clave.

La clave 3, Actividades de Pequeños Grupos, es la verdadera raíz del programa PPORF porque es el medio que alista y activa a todos los miembros de la organización. Muchas compañías, especialmente en Occidente, intentan mejorar la calidad de la fabricación mientras ignoran al trabajador de primera línea que es la unidad fundamental de la actividad en cualquier fábrica. Sin utilizar todos los recursos humanos, especialmente la abundancia de la experiencia y recursos intelectuales de la gente de primera línea, el éxito de cualquier programa de mejora será extremadamente limitado. El programa SGA emplea los recursos de las personas que de otro modo usualmente se desprecian. El sistema SGA es una parte integral del ciclo Planificar, Ejecutar, Chequear, Actuar.

La clave 20, Capacidad Tecnológica, está estrechamente relacionada con todas las demás claves. Mejorar la tecnología y asimilar nueva tecnología es el fundamento de las mejoras en muchas áreas. Por tanto, las mejoras en la clave 20 inspirarán y conducirán las mejoras en todas las demás claves.

Cuando observamos las demás claves que forman parte del círculo, observamos que se dividen en tres grupos: las que tienen su mayor impacto en la calidad, las que tienen mayor impacto en el coste y las que tienen su mayor impacto en el plazo de ejecución. En qué punto de este círculo debe empezar depende enteramente de las necesidades de su compañía con referencia a la competencia externa y sus debilidades internas. Si pretende mejorar primero la calidad, entonces la clave 11 (Sistemas de aseguramiento de la calidad) tendrá un efecto mayor. Si debe primero enfatizar el coste, entonces la clave 6 (Análisis de valores de las operaciones de fabricación) o la clave 19 (Conservación de la energía y materiales) son buenos puntos de partida. Si el mayor interés de la compañía es acortar los ciclos de tiempo, entonces la clave 4 (Reducción de los stocks) debería tener un efecto mayor.

Debe resaltarse que todas las claves tienen efectos deseables en calidad, coste y plazos de fabricación, de forma que no debe ignorarse ninguna. Obsérvese que el grado de mejora pretendido está relacionado con metas numéricas en varias claves. Por ejemplo, mientras el nivel tres en la clave 4, Reducción del Stock, significa una reducción del 50 por 100 en el stock intermedio, el nivel cuatro requiere una reducción del stock del 75 por 100. El nivel cuatro de la clave 6,

Análisis de Valores de las Operaciones de Fabricación, requiere una reducción del 50 por 100 en el número de operaciones implicadas en la fabricación y haber doblado la productividad.

Las claves 1, 4, 6 y 19 (mencionadas en los párrafos previos y mostradas en el gráfico con flechas apuntando hacia el centro) refuerzan directamente las calidades de fabricación —calidad, coste y plazo de fabricación. El resto de las claves refuerzan las operaciones de la planta permitiendo una mayor eficacia en estas cuatro claves vitales, ofreciendo un fundamento sobre el que construir.

La estructura de objetivos de las diversas compañías y el orden con el que debe trabajarse en las diferentes claves están determinados principalmente por la filosofía de dirección y los puntos fuertes y debilidades de la compañía. Por ejemplo, si la meta de la compañía es doblar la productividad a través de las veinte claves, entonces debe intentar mejorar las veinte claves como fundamento para elevar la clave 6, Análisis de Valores de las Operaciones de Fabricación, hasta el nivel cuatro.

La figura titulada «Actividad PPORF de la compañía A» muestra las fases en la ruta de una compañía hacia su meta de doblar la productividad. Antes de que la compañía A empezase el programa PPORF, su fábrica totalizaba 46 puntos en las veinte claves. En los primeros siete meses de esfuerzo PPORF elevó su evaluación en siete puntos hasta 53. Ese nivel de progreso es realmente más rápido que la media; típicamente, las compañías mejoran alrededor de siete puntos por año y veinte puntos en un programa de tres años. La compañía A fue capaz de alcanzar su conjunto original de metas (Conjunto de Metas I) en dos años y medio. Enfocó entonces un conjunto completamente nuevo de resoluciones (Conjunto de Metas II).

Mientras la compañía A estaba trabajando en el Conjunto de Metas I, elevó su puntuación total PPORF a 66, con mejoras en todas las claves. Las puntuaciones finales de 3 puntos en la Reducción de Stocks y de cuatro puntos en Análisis de Valores indicaban que habían reducido el stock como mínimo en un 50 por 100 y aumentado la productividad como mínimo en un 100 por 100. El progreso en las otras claves había servido para facilitar las mejoras en las áreas principales.

La continuidad juega un papel importante en el programa PPORF. Alrededor de seis meses antes de completar las actividades del Conjunto de Metas I, es muy útil empezar a trabajar hacia el Conjunto de Metas II para continuar el *momentum* de la mejora y evitar que el staff y los trabajadores se relajen.

El plan de la compañía A muestra una estrategia completa de

implantación PPORF que puede utilizar como referencia, modificando los puntos de partida y metas para ajustarse a su situación particular. Por ejemplo, si llega a dificultades insuperables mientras intenta elevar la clave 5 (Tecnología de cambios rápidos de útiles) hasta el nivel cuatro, puede trabajar con las otras claves PPORF para construir un fundamento con el que podrá lograr fácil y rápidamente su meta de cambios rápidos de útiles. Por ejemplo, si eleva la clave 1 (Limpieza y organización) a 4, la clave 2 (Racionalización del sistema/Dirección de objetivos) a 3,5, la clave 3 (Actividades de pequeños grupos) a 3,5, la clave 4 (Reducción del stock) a 3 o mejor, la clave 9 (Mantenimiento de máquinas y equipos) a 3,5 o mejor, la clave 14 (Educar a los trabajadores para hacer mejoras) a 3, la clave 15 (Versatilidad de habilidades y educación para trabajadores polivalentes) a 3, y la clave 7 (Fabricación con supervisión cero) también a 3, casi se producirá por sí misma una mejora en la Tecnología de Cambios Rápidos de Utiles porque el entorno está bien preparado para nutrir un avance en este área.

Como las claves del PPORF se apoyan entre sí, cuanto más lejos llegue, más fácil es el trabajo en cada una; aunque las metas en sí son progresivamente desafiantes y el nivel cinco está más lejos del nivel cuatro que éste del nivel tres, la estructura de todas las claves PPORF apoya las actividades y realmente hace más fáciles de lograr las metas más elevadas que lo eran las más bajas.

A pesar de que los ejemplos e ilustraciones de este libro se refieren a talleres de mecanizado, plantas de ensamble, forja y chapa, no hemos encontrado nunca una industria de manufactura en la que las veinte claves PPORF no se apliquen igualmente bien. Es útil imaginar situaciones de su propia fábrica que tengan alguna referencia con las ilustraciones del libro.

Las definiciones dadas para las puntuaciones numéricas de las diversas claves se han descrito para aplicar a casos muy generales. Es importante estudiar estas definiciones y rehacerlas para aplicarlas a su fábrica en particular. Una vez que las definiciones están completas trabaje para mejorar medio o un punto cada vez. Reverifique periódicamente y quizá incluso modifique las definiciones. Conforme gane experiencia será capaz de definir más claramente sus objetivos, y conforme vea sus objetivos más claros, serán más y más fáciles de obtener. Recomiendo que comience con un objetivo básico cuantificado de elevar su puntuación total en veinte puntos o doblar su productividad.

La figura titulada «Promoción MST» muestra el plan estratégico de tres años de otra compañía para la fijación de metas de mejora utilizando el sistema PPORF.

Actividad PPORF de la compañía A

Ejemplo del sistema PPORF, un programa práctico de tres años para revolucionar fábricas y reducir los plazos de fabricación en un 50 por 100, doblar la productividad, y reducir las tasas de defectos en un 50 por 100. El gráfico muestra los niveles de puntuación antes de las mejoras, siete meses después de las mejoras, y los dos conjuntos de metas definidos por la compañía.

- Una mejora de siete puntos en siete meses es extremadamente rápida. Normalmente una mejora de siete puntos requiere un año.

- Un modo efectivo de asegurar el cumplimiento del Conjunto de Metas I es concentrar los esfuerzos de cada división en un área particular de trabajo dentro de cada una de ellas. Cada área debe lograr los objetivos del Conjunto I que puedan alcanzarse aisladamente durante los primeros ocho meses del programa. Entonces, utilizar las áreas modelo para observación y estudio de todos.

Clave número	Antes de mejora (Fecha: _____)	Después de siete meses	Conjunto de metas I (tres años)	Conjunto de metas II
1	2,5	3,5	4,0	4,5
2	2,5	3,0	3,5	4,0
3	3,0	3,0	3,5	4,0
4	2,0	2,5	3,0	4,0
5	2,0	2,5	3,0	4,0
6	1,5	2,0	4,0	4,3
7	1,5	2,0	3,0	4,0
8	1,5	2,0	3,0	3,5
9	2,5	3,0	3,5	4,0
10	3,5	3,5	4,0	4,5
11	2,5	3,0	3,5	4,0
12	2,0	2,0	2,5	3,5
13	2,0	2,5	3,0	4,0
14	2,0	2,0	2,5	3,0
15	1,5	2,0	3,0	4,0
16	3,0	3,0	3,5	4,0
17	1,5	2,0	2,5	4,0
18	3,0	3,0	3,5	4,0
19	3,0	3,0	3,5	4,0
20	3,0	3,5	4,0	4,0
Puntos totales	46,0	53,0	66,0	80,0
Mejora acumulada		7,0	20,0	34,0

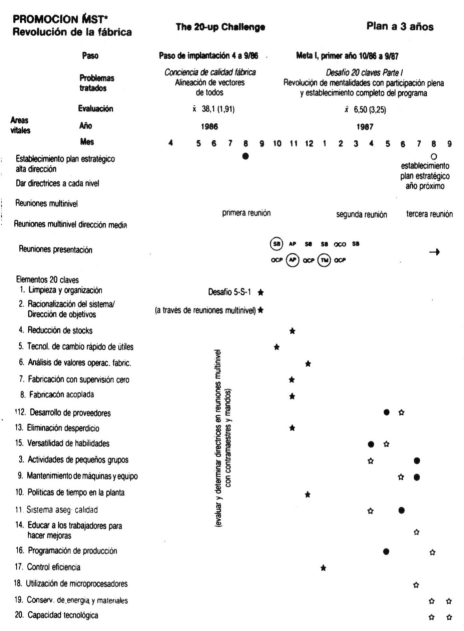

PROMOCION ṀST*
Revolución de la fábrica

The 20-up Challenge

Plan a 3 años

Paso — Paso de implantación 4 a 9/86 — Meta I, primer año 10/86 a 9/87

Problemas tratados — *Conciencia de calidad fábrica* Alineación de vectores de todos — *Desafío 20 claves Parte I* Revolución de mentalidades con participación plena y establecimiento completo del programa

Evaluación — x̄ 38,1 (1,91) — x̄ 6,50 (3,25)

Año — 1986 — 1987

Mes — 4 5 6 7 8 9 10 11 12 1 2 3 4 5 6 7 8 9

Areas vitales

Establecimiento plan estratégico alta dirección

Dar directrices a cada nivel

establecimiento plan estratégico año próximo

Reuniones multinivel

Reuniones multinivel dirección media

primera reunión   segunda reunión   tercera reunión

Reuniones presentación

SB AP SB SB QCO SB
QCP AP QCP TM QCP

Elementos 20 claves
1. Limpieza y organización — Desafío 5-S-1 ★
2. Racionalización del sistema/ Dirección de objetivos — (a través de reuniones multinivel) ★
4. Reducción de stocks
5. Tecnol. de cambio rápido de útiles
6. Análisis de valores operac. fabric.
7. Fabricación con supervisión cero
8. Fabricacón acoplada
112. Desarrollo de proveedores
13. Eliminación desperdicio
15. Versatilidad de habilidades
3. Actividades de pequeños grupos
9. Mantenimiento de máquinas y equipo
10. Políticas de tiempo en la planta
11. Sistema aseg· calidad
14. Educar a los trabajadores para hacer mejoras
16. Programación de producción
17. Control eficiencia
18. Utilización de microprocesadores
19. Conserv. de energia y materiales
20. Capacidad tecnológica

(evaluar y determinar directrices en reuniones multinivel con contramaestres y mandos)

★ indica un elemento que se ha tratado en ese mes
☆ indica un elemento a tratar en ese mes
● indica un elemento que ya se dirige a través de resultados actuales

ste gráfico fue creado en la compañia Nitto Denko. Las iniciales MST se refieren a Tiempo Estándar Mínimo, denominación de la compañia para el grama de mejora.—Ed.

Meta II, segundo año 10/87-9/88	Meta III, tercer año 10/88-10/89
El desafio 20 claves, Parte II Logro de objetivos especializados vitales	*El Desafio 20 claves Parte III* Florecimiento de las actividades de promoción de mejora y desarrollo auto-dirigidas

$\bar{x}$ 70,0 (3,50)

	1988												1989										
10	11	12	1	2	3	4	5	6	7	8	9	10	11	12	1	2	3	4	5	6	7	8	9

establecimiento
plan estratégico
año siguiente

establecimiento
plan estratégico
año siguiente

cuarta reunión   quinta reunión   sexta reunión   séptima reunión

(se mantienen generalmente reuniones
mensuales de presentación)

1. (El resto del gráfico se cumplimenta
2.   similarmente)
4.
5.
6.
7.
8.
12.
13.
15.
3.
9.
10.
11.
14.
16.
17.
18.
19.
20.

- El plan para el segundo año del director de fábrica se estableció reflexionando sobre lo ocurrido en el año anterior.
- Todos los empleados alinean sus vectores basándose en el plan estratégico de la dirección media.
- El sistema PPORF, para el cual se habian dado directrices en el primer año, se ejecutó perfectamente con estilo de Nitto.
- Las 20 claves se relacionan entre si en cada dirección, y están todas ellas conectadas con la meta de aumentar la productividad. Mediante una perfecta definición de las actividades de 1987, en ese año se reforzó el progreso regular de las claves.
- Se mantuvieron reuniones de presentación del Análisis de Valores de la Fabricación, Fabricación Acoplada, Mapa del Tesoro y Cambio Rápido de Utiles.
- Se anunciaron resultados y establecieron premios.
- Se organizó una competición dentro del programa Premios Conocimiento de la fábrica.
- «Ganaré un premio para mi máquina».
- «¡Lucharemos contra los fenómenos ocultos!».
- (Costes versus Calidad).

(QCP) significa Prep. Rápida de Utiles
(AP) significa Plan de Acción
(QCQ) significa demostraciones abiertas para otros grupos de Cambios Rápidos de Utiles

(SB) significa puntos de almacenaje
(TM) significa Mapa de la Montaña del Tesoro para eliminar desperdicio

UNA PUNTUACION MAS ALTA SIGNIFICA
UNA PLANTA MAS SEGURA

Ultimamente, es importante decir algunas palabras sobre seguridad. Después de haber completado el sistema y definido las veinte claves, un experto en seguridad me señaló que ninguna de las veinte claves trata directamente los temas de seguridad. Mi respuesta fue inmediata: todos los temas importantes de seguridad están cubiertos en las veinte claves, aunque justamente no de forma explícita. Una vez que eleva su rendimiento en las 20 claves, descubrirá que no ocurren accidentes.

Cuando racionalice el sistema de gestión, forme grupos SGA en los que trabajadores de primera línea estudien y discutan su entorno de trabajo, establezcan políticas de trabajo, y mantengan apropiadamente las máquinas y equipos, y encontrará que se ha creado un sistema en el que el trabajo es más fácil y no se cometen errores. Añadiendo estos sistemas a la planta más aseada que resulta de la limpieza y organización de la clave 1, se creará un entorno en el que no ocurren accidentes. La seguridad aparecerá por sí misma.

Sobre el autor

Iwao Kobayashi, consultor industrial bien conocido en Japón es el creador del programa PPORF (20 claves) para el desarrollo de las capacidades indispensables para adaptarse al cambio en las compañías industriales.

El Sr. Kobayashi se graduó en la Universidad Técnica de Shibaura en 1943 y se incorporó a la industria Mitsubishi Heavy Industries. Al abandonar dicha compañía ha trabajado en la mejora industrial como director del PPORF Development Institute. Ha promovido con éxito la mejora de la calidad de la fabricación en compañías tales como Mitsubishi Heavy Industries, Mitsubishi Electric, Mitsubishi Agricultural Machinery, Kobe Stelll, Nitto Denko y Akai Electric. Su gran experiencia le permite explicar claramente su sistema de mejora para beneficio de todas las compañías.